JN105275

# 国際地域研究 │V│

北海道教育大学函館校
国際地域研究編集委員会 [編]

大学教育出版

# 序　　言

　激しく変動する今日の国際社会の中にあって、地域社会に暮らす私たちが活力ある社会を創り出していこうとするなら、一人ひとりが声を上げ、みずから行動していかなければならない。より良き未来を目指すために、目の前の課題を放置せず、グローバルな視点を持って一つひとつ解決していくことが大切である。

　新型コロナウイルス感染症は、パンデミック（世界的大流行）となって人類に恐怖を植え付け、ヒト・モノの流通を止め、世界の経済活動を停滞させた。未だにその収束のめどが立たないなか、今年（2022年）2月には戦争が始まり、私たちは新しい危機に向き合うことになった。そうしたなか、2022年6月に発表された世界銀行の「世界経済見通し」によると、ロシアのウクライナ侵攻、コロナ禍、「ゼロ・コロナ」を徹底する中国のロックダウンに起因した世界のサプライチェーン（供給網）混乱で、世界経済は大きく減速し、成長率は2021年の5.7パーセント（％）から、2022年は2.9%へと低下する見通しという（その後10月には2.7%へと下方修正）。

　流通網の混乱、そしてエネルギー価格や食糧価格の高騰が長引けば、インフレ圧力も拡大し、事態の改善はさらに難しくなるものと思われる。すでに多くの国はマイナス成長に陥っている。国際社会の分断、経済の低迷は、地球温暖化対策にも後ろ向きの影響を及ぼし、地球的規模で豊かな活力ある、持続可能な未来を創ろうとするSDGs（Sustainable Development Goals：持続可能な開発目標）も、その達成へ向けて、大きな試練に立たされている。

　こうした危機の時代にあって、経済の回復を急ぎ、教育の正常化を進めて、人びとが自由に移動して交流する日常を取り戻していくためには、危機を乗り越える工夫、発想、イノベーションが必要となる。さらには正確な現状認識と豊かな知性が欠かせない。

　地域の高等教育と研究を担う大学には、最新の知見と持てる知的資源を地域

社会に広く提供する責務がある。あわせて国際的な視野を持つ有能な人材を育てて地域社会の活性化につなげていく使命も帯びている。

　その一環として、北海道教育大学国際地域学科（函館校）が『国際地域研究 Ⅴ』をここに上梓する運びとなった。函館校が毎年開催する国際地域研究シンポジウムの内容も取り込みながら巻を重ねてきた。

　今回も読者の皆さまに、忌憚のないご批判、ご叱正、ご意見を仰ぎたいと思う。

2023 年 3 月

北海道教育大学長　蛇穴　治夫

国際地域研究 V

# 目　次

## 第1部　国際地域研究の可能性

## 第2部　教育に資する国際地域研究

## 第3部　シンポジウム

第1部

国際地域研究の可能性

講演録

# ジェンダーと多様性の視点からの防災・減災・復興[1]

田中　由美子

## はじめに

　本日はこのようなシンポジウムにお招きいただきまして、大変ありがとうございます。私は30年近くアジアやアフリカ地域で国際協力に従事してきました。今日は、国際協力の実務家としての経験からお話ができればと思っています。私はまた、東日本大震災をきっかけに、防災とジェンダーについて市民活動もするようになりました。今日は、なぜ防災・減災・復興にジェンダーと多様性の視点が必要なのかということについてお話しします。

## 世界で起きている災害

　気候変動の影響もあり、世界中で災害の規模と頻度が確実に増えていて、災害件数、死者数、経済的損失が増加しています。1980年から1999年の20年間に起きた災害よりも、喫緊の20年間の災害の規模や頻度のほうが大きくなっています（図1）。災害は、すべてが気候変動に関連しているわけではありませんが、気象災害と呼ばれている洪水、暴風雨、干ばつ、異常気象、森林火災なども増加しています。地域別にみると、死者数も被害額も半分近くがアジアに集中しています。日本の場合は、死者数はアジアの国に比べて多くはありませんが、被害額ではアジアの3分の1を占めています[2]。

　災害は、どの国にも同じような影響を与えるわけではなく、低所得国のほ

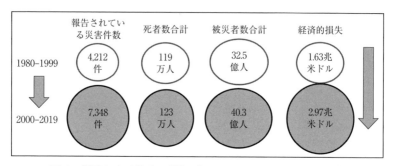

**図1　災害による被害の増加（1980-1999 vs 2000-2019）**

出典：Center for Research on the Epidemiology of Disasters and UNDRR（2020：
6）*Human cost of disasters: An overview of the last 20 years 2000-2019* を
もとに筆者翻訳・作成。

---

ハザード（hazard）：地震、台風、洪水、土砂崩れ、干ばつ、火山噴火等の自然現象のこと。

自然災害（disaster）：ハザードと人々の脆弱性（vulnerability）が交差することで生まれる現象。すべてのハザードが必ずしも災害になるとは限らない。災害は異常な自然現象が誘因となって発生する社会現象。

危険度（exposure）：地震や台風、サイクロン、洪水、干ばつ、海面上昇などの危機にさらされる状況や度合い。

脆弱性（vulnerability）：損害や損傷を受けやすいこと。脆弱性には、社会・経済・政治的な要因が含まれるが、それらにはジェンダー、階級、民族、年齢等が関係し、これらの社会要因によって、人は、自然や社会で発生した出来事により、生命や生計が危機にさらされる。

復元・回復力（resilience）：災害の被害から早く元の状態に戻る能力。

Disaster Risk Reduction（DRR）（災害リスク削減）：脆弱性や多様性の観点に立って、災害からのリスクを軽減・削減すること。防災・減災と言われることもある。

Build Back Better（BBB）（より良い復興）：災害以前の状態に戻すのではなく、より良い社会、より災害に強い社会を目指して復興すること。

**図2　災害のキーワード**

---

うが死者数が多くなっています[3]。貧困国は、防災に予算を割いたり、人材を育てたりすることができないので、被災規模が大きくなり人命が失われる傾向があります。

多発化・多様化している災害に対して、どうしたらもっと効果的に対応していけるのでしょうか。もちろん耐震性の高い建造物にする、災害に強い都市計画を作る、防潮堤を造ったり、道路の嵩上げをすることは重要ですが、同時に

社会的、経済的な仕組みや制度を見直していくことも必要です。今日は、そのような観点から災害を捉えていきたいと思っています。

　災害に出てくるキーワードには、脆弱性や復元・回復力（レジリエンス）などがあります（図2）。

## ジェンダーや多様性によって異なる災害のインパクト

　PAR モデル（The Pressure and Release Model）というブレーキー（Blaikie）という学者が提示したモデルがあります（図3）[4]。このモデルでは、ハザード（Hazard）は自然現象で、地震、サイクロン、ハリケーン、台風、干ばつなどです。人々が被害を受けなければ、それらは自然現象で終わりますが、人々に対してインパクトを与えると、それは災害（Disaster）になります。ただし、被害の規模や内容は、それぞれの人が置かれた状況に左右されます。経済社会的な脆弱性が高いと災害のリスクが高くなります。脆弱性の差異、違いが出てくるのは、社会経済的な格差、偏見、差別、排除などが原因です。リスクの高さは、個人の能力というより、格差、差別、排除を生む制度や社会構造によるところが大きいのです。さらに、脆弱性は、ジェンダー、年齢、障がいがあるかないか、階級、民族、教育レベル、経済力、社会規範などによって異なりますし、時間や場所によっても異なります。

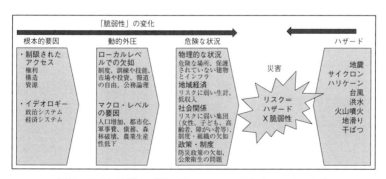

図3　PAR モデル（The Pressure and Release Model）

出典：Blaikie et al.（1994）および Wisner et al.（2004）をもとに筆者翻訳・作成。
　注：（　　　）内は筆者追記。

　特に女性の場合は、日常的に経験しているジェンダーに基づく差別や不平等な関係性によって、災害が起きると、より大きな被害、暴力やハラスメントを受けやすくなります。また、一般に、女性のほうが社会的脆弱性が高いので、回復や復興に対して時間がかかります。

　私は以前、ネパールの農村地域で国際協力をしていましたが、農村地域に行くと、差別されている低カーストの人たちは、傾斜面で土砂災害に遭いやすいところに住んでいます。土地柄が良いところは入手できないので、そもそも地震とか土砂災害の被害に遭いやすい場所にしか住めない、そういう土地しかもらえないので、災害が起きたときにより被害が大きくなります。2015年にネパールで地震が起きて、低カーストの人たちが住んでいた震源地に近い地域では、家屋が全倒壊してしまいました。

　中南米のメキシコシティは、すり鉢状になっていて、裕福な人々は、低い平らなしっかりした土地に住んでいますが、貧しい人々は斜面に住んでいます。斜面は土砂災害や地震の被害に遭いやすい場所です。フィリピンでも、貧しい漁民は海岸の近くでニッパヤシの家に住んでいることが多いです。内陸の土地が手に入らないので、海岸沿いに住んでいるのです。高潮やハリケーンが来ると、被害に遭いやすい場所です。スリランカの南部で災害調査をしましたが、土砂災害に遭いやすい地域に住んでいて、危険だとわかっていても、代替地が得られないので引っ越せないという貧しい人たちがたくさんいるということもわかりました。ですから、災害から受ける被害は、災害が起きる前の状況に、その程度や内容が影響されます。

　さらに、災害時には、日常的な格差や差別が可視化されたり、増幅したり、女性や少女に対する暴力も顕在化します。ただし、女性は弱くて助けが必要な被害者としてしか見られていないということは問題です。メディアがかわいそうな、ヘルプレスな女性たちというイメージで報道してしまうので、女性には力がないというイメージが定着してしまいます。けれども、実際には女性が地域防災に大きな力を発揮していて、地域の防災リーダーになっているということもあるのですが、それはなかなか報道されません。国連防災機関（UNDRR）は、女性や若い人たちにもっと主体的に防災を担っていってほし

いと考えています。

## なぜ女性が受ける被害のほうが大きいのか

　大きな災害が起きると、概して女性や障がい者、貧困者のほうが大きな被害を受けます。一番よく知られているのは、1991 年のバングラデシュのサイクロンで、約 14 万人が亡くなりましたが、女性の死者数は男性の 4 倍から 5 倍もありました。阪神・淡路大震災でも、女性のほうが多く亡くなりました。特に高齢の独り暮らしで年金の少ない女性が平屋に住んでいて、そこが崩壊して被害が大きかったということがわかっています。

　バングラデシュでは、どうしてそんなに女性が亡くなってしまったのでしょうか。女性は家の財産を守らないといけないし、ケア役割を担っていますから、子どもや高齢者、家畜を連れて逃げないといけないので、逃げ遅れてしまったということがあります。また、当時は女性の識字率が低くて、避難情報やシェルターの場所がわからなかった、さらに、イスラム社会では、女性は肌を見せて泳いではいけないので、水泳も学んだことがないし、サリーも水の中で巻きついてうまく逃げられなかったということもあります。バングラデシュには、パルダという男女隔離の社会規範がありますので、知らない男性が多いシェルターへは行けないし、家族の男性と一緒でないと村の外にも行けません。男性がすべて決めるので、男性がいないと、いつ、どこに逃げればよいかわからない、そういうジェンダーの問題があります。それらのすべてが重なり合って、悲惨な結果になってしまいました。

　ただし、その後、アクション・エイドなどの、国際 NGO（非政府機関）がバングラデシュで支援してきた結果、地域の防災委員会に女性が参加したり、女性が防災リーダーになったり、防災ガイドラインを作ったり、大きく改善されて、優れた取り組み事例（グッドプラクティス）もたくさん出てきました。最近ではそんなにたくさん女性が死亡することはなくなりました。ただし、まだまだこういう傾向は多くのイスラム社会や貧しい社会で起きていますので、まったくなくなったというわけではありません。

　地域の防災活動を通じて女性が力をつけて、エンパワーメントして自立し

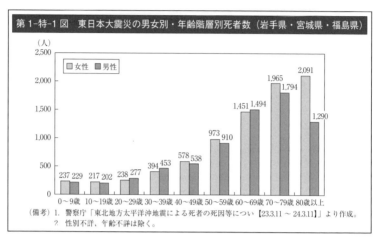

図4 東日本大震災 男女別・年齢別死亡者数

出典：内閣府（2012）「第1部 男女共同参画社会の形成の状況 特集 男女共同参画の
視点からの防災・復興」『平成24年度 男女共同参画白書』

　ていくというプロセスも出てきていますので、防災に女性が参加することは重
要だと思います。
　2015年のネパール地震のときにもジェンダー課題が顕在化しました。ネ
パールは、土地の所有権を女性が持っている割合が低いのです。家が倒壊して
しまうと、土地の名義がないので、補償金をもらえなかったり、世帯主だけに
補償金が出るので、男性が出稼ぎで不在の場合は、女性が補償金を受け取れな
かったりということもありました。また災害のあとには、女性に対する性的暴
力や家庭内暴力、少女の児童婚や人身取引が増加しました。
　日本でも、阪神・淡路大震災のときの死亡者は1995年1～6月には、5,488
人で、最終的には6,434人でした。家賃が安い木造アパート（文化住宅）や古
い家屋に住んでいた高齢の一人暮らしの女性に被害者が多かったことが特徴的
です。東日本大震災の死亡者数の男女別データもあります（図4）。これは内
閣府男女共同参画局が集計したデータで、このときは女性のほうが約1,000人
多く亡くなり、障がい者の死亡率は健常者の約2倍でした。

## 東日本人震災から見えてきたジェンダ　の課題

　皆さんのなかにも経験されている方もいらっしゃるかもしれませんが、東日本大震災の後、ジェンダーの視点から見ると、いろいろな問題が起きました。たとえば、地元の高齢男性が避難所のリーダーになることが多いので、避難所で支援物資を配るときに、女性が必要な生理用品、おむつ、下着、化粧品などが必要でも、なかなか女性から言い出しにくかったということがありました。なぜ避難所のリーダーに高齢の男性がなるのかというと、地域の自治会の会長の 94 パーセント（%）は高齢のリタイアした男性がなっていることが多いのです。そういう方々が避難所運営をされるので、それ自体は決して悪いことではないのですけれども、なかには、女性固有のニーズにあまり気を配ってくれない人がいるということが、東日本大震災のときにわかりました。

　それから、400 〜 500 人集まる避難所で、食事の支度をするのも、自動的に女性の役割だというふうに決めつけられてしまって、朝昼晩と、全員分の食事を作るのが女性の仕事になってしまいました。なかには、早く仕事に戻りたかったという女性もいるのですけれども、それもできなくて、女性の場合は非正規雇用の人が多いので、ちょっと戻れなかったりするとすぐ解雇されてしまう、そういう問題にもつながりました。

　それから、あまりプライバシーに配慮してもらえないという問題もあります。特に広い体育館のようなところが避難所になると、間仕切りも作ってもらえなかったりするのです。「どうして間仕切りを作ってくれないんですか」と聞くと、リーダーが、「いやいや、自分がよく見渡せて管理できるように、そんな間仕切りなんか要らない」と、言われたこともあったそうです。全然プライバシーがないので、女性が着替えたりするところもないし、ミルクをあげたり、下着を干したりということもなかなかできないという問題もありました。

　トイレが外にあって、電気がなかったり、男女別やユニバーサルトイレ（多目的トイレ）が設置されなかったりすると、女性の安全が脅かされたりすることもあります。盗撮されたり、性的ハラスメントを受けたり、そういうこともありましたが、女性は声を上げられませんでした。

　避難所には、子どもや乳幼児を連れた女性、高齢者、障がい者、LGBTQ の

人々[5]、外国籍で情報が読めなかったり理解できない人、アレルギーのある人、いろいろな人が避難してくるので、多様な状況やニーズについて十分配慮しながら運営していかないと、なかなか苦しい思いをしてしまうことがあるのです。

2016年に起きた熊本地震の後も、直接亡くなった方よりも関連死のほうが増えてしまいました。もっと固有の状況やニーズに配慮して、一人ひとりに気を配りながら、快適に過ごせるようにしていかないと、せっかく避難できたのに、そこで亡くなってしまうということがあります。

このようなことは、日本だけではなくて、世界共通の問題です。程度の差や、内容に違いはありますが、どこの国でも起きることです。フィリピンで、台風ヨランダが来たときも、たくさんの人が避難所に行きました。女性や少女に対するセクハラや暴力の問題が起きたので、フィリピン政府は女性警察官をシェルターに派遣して見回りをしました。また、フィリピンでは、避難所に女性専用のスペースを作って、女性のプライバシーが守られるようにしました。「ウイメン・フレンドリー・スペース」と呼ばれています。また、子どももストレスがたまるので、「チャイルド・フレンドリー・スペース」も作ります。子どもが避難所でも自由に遊べるようにという工夫があります。日本にも良い取り組み事例があったら、途上国や他の国ともシェアし、他の国で良い取り組み事例があったら、それを取り入れる、そういう情報交流も重要です。

## 防災・減災・復興の国際的な潮流

防災は世界中で重要なテーマです。第3回国連防災世界会議が2015年に仙台で開催されました。国連防災世界会議は、これまですべて日本で開催されてきました。第1回目は横浜、第2回目は神戸です。仙台会議には多くの国が集まり、被害を軽減するためには災害への備えが重要だということを話し合いました。市民社会も参加し、最終的に「仙台防災枠組」（2015-2030）が満場一致で採択されました。持続可能な開発目標（SDGs）においても、すべての国が「誰ひとり取り残さない」防災、減災、復興（英語ではDisaster Risk Reduction：DRR）に向けて「仙台防災枠組」の目標達成に努力するというこ

とが明記されています。

　このような防災会議は、国連防災機関（UNDRR）が事務局になって開催してきました。仙台会議のときは、マルガレータ・ワルストロムさんというスウェーデンの女性が事務局長として会議の運営をしました。2018 年には、水鳥真美さんが事務局長に就任しました。本部はジュネーブにあります。


## 仙台防災枠組の 4 つの優先行動

　「仙台防災枠組」は、「4 つの優先行動」を明記しています。第 1 番目が、災害リスクの理解です。災害がどのように起きるのか、どうしたらリスクを減らせるのかということを、もっと理解し、情報共有していかないといけないということです。第 2 番目は災害リスクガバナンスの強化、第 3 番目は災害へのレジリエンスを高めるための防災への投資、第 4 番目は被災後に対応するだけでなく、もっと事前に災害への備えをしっかりしていくということと、復旧・復興するときには、被災前と同じような状況に戻すのではなくて、より災害にレジリエントな社会をつくるように復興していくということが明記されています。より良い復興（Build Back Better：BBB）です。

　日本は災害が多く、災害対応策やテクノロジーも発達しているので、災害対応先進国だと言われていますが、ジェンダーと多様性の視点に立ってみると、まだまだ課題が多いことがわかります。

　【優先行動 1】は、災害リスクの理解ですが、ジェンダーの視点に立ってみるとどうなるでしょうか。これに関しては、2008 年に全国知事会が調査を実施し、10 年後にフォローアップ調査を東京大学の大沢真理教授たちのチームが行いました。その結果、災害リスクとしての暴力やセクハラに対する対策が進み、避難所運営にも女性が参加するようになったことが確認できました。避難所での女性の安心や安全（性的リスクを減らす）のための間仕切りに関しては、66% がマニュアルに沿って実施していることが確認できました。

　【優先行動 2】は、リスクガバナンスですが、中央も地方行政も、防災を担当する部署と、男女共同参画を担当する部署は別々にあります。中央では、内閣府に防災担当部署と男女共同参画局があり、それぞれに動いています。この

2つの部署が協力すると相乗効果が生まれ、防災の対策が進むということが、上記のフォローアップ調査からわかりました。防災担当部局と男女共同参画部署の連携がある地域のほうが、間仕切り、おむつを変えるスペース、物干しなどが設置される割合が高くなり、多様な対応がなされていることが確認できました。

　地方防災会議に女性が参加しているかどうかも重要です。地方防災会議の女性メンバーの割合が高い地域のほうが、多様なニーズに合った常備、備蓄が行われていることがわかりました。女性の視点に立ったリスクガバナンスを進めるためには、女性が防災委員会の委員になることが重要です。中央でも地方でも、市町村でも、女性が意思決定過程に参画していくことが必要です。

　さらに、女性団体やNGOがロビー活動をした結果、災害関連法、基本法や方針に男女共同参画やジェンダーの視点が入るようになりました。ロビー活動の成果として復興庁に男女共同参画班が設置され、女性や多様性の視点から復興を進めるための活動を積極的に実施しました。

　ただし、災害対策基本法には男女共同参画について明記されていませんし、配慮したり、擁護したりするということに留まっています。基本計画も改正されましたが、男女共同参画の視点に立った予算配分はまだ少ないのが現状です。

　中央・地方防災会議では、最近は女性委員の割合が16％まで増えてきています。ただし、市町村になると9.3％で、10人に1人しか女性がいないという状況です。自治体の長は94％が男性ですので、女性の割合を増やす必要があります。第5次男女共同参画基本計画では、地方防災会議での女性比率を2025年までに30％にするとあります。ぜひ達成してほしいと思います。

　内閣府男女共同参画局は、2020年に『災害対応力を強化する女性の視点～男女共同参画の視点からの防災・復興ガイドライン』[6]を策定し、女性が災害の備えや復興に果たす役割をしっかり位置づけて取り組んでいこうとしています。ガイドラインはホームページからダウンロードできます。全国のグッドプラクティスが出ているので参考になります。復興庁の男女共同参画班[7]や女

性市民団体も参考事例集を作りました<sup>8)</sup>。全国での取り組み、主に東北地方での良い取り組み事例が掲載されていますのでご覧ください。

【優先行動3】は事前投資です。全国には、350カ所以上に男女共同参画センターや女性センターがあります。県や市、区などのセンターですが、東日本大震災のときに、多くの人がここに避難しようとしたのですが、そういう役割になっていなかったので、あまり機能できませんでした。宿泊できるようなスペースがあるのに、十分役に立たなかったという反省に基づき、男女共同参画センターの関係者がロビー活動をした結果、災害時のときに避難所として機能できるようになりました。また、総合支援ネットを作り、異なる県や市の女性センター同士が災害のときには助け合いましょう、という仕組みが構築されつつあります。今では、災害が起きたら女性センターに駆け込むこともできますし、他の県から助けに来てくれたり、支援物資を送ってもらったりということもできるようになりました。ただし、女性センターは職員の数や予算が少ないので、災害時の役割を期待するのであれば、災害に備えるための予算を政府が見直し、もっと予算をつけないといけないと思います。

【優先行動4】は、災害のリスクを軽減するために、災害の備えをしっかり行い、より良い復興（BBB）を促進することですが、ジェンダーの視点から見るとどうなるでしょうか。従来は、災害が起きてから人道支援を派遣するとか、起きてから対処することが主流だったのですけれども、15年前くらいから、事前の備えにフォーカスしていかなくてはいけないということが言われるようになりました。東日本大震災のときには、望むと望まざるとにかかわらず地域の復興リーダーにさせられ、それでもしっかり活躍した女性たちがたくさんいましたが、自信がなかったのです。ですので、ふだんからリーダーシップを醸成するための研修をしようということになって、イコールネット仙台などにより、女性防災リーダーを育成するための研修がたくさん行われるようになりました。

石巻市北上地区
大きな津波被害を受けた。地域の女性グルー
プが、地方行政が進める高台への集団移転計
画に参加。自分たちのニーズに合った復興住
宅を建設し、移転することに成功。仙台の建
築家と相談しながら進めた。

気仙沼市大谷海岸
防潮堤が建設される予
定だったが、地域の若者
男女が中心となり、大谷
里海づくり検討委員会
を結成。国道をかさ上げ
し防潮堤とする代替案
をもとに交渉。白い砂浜
を残すことに成功した。

TP 9.8m

**図5　復興まちづくりに女性・若者が参画して成功した事例**
写真提供：(左) 筆者、(右上・右下) 三浦友幸

## 市民社会による優れた取り組み事例

　石巻市北上地区では多くの行政関係者が被災しました。復興する際に地域
の女性グループが、被災をまぬがれた行政の人々と一緒に復興まちづくりに参
加し、高台への集団移転を成功させました。住民男女が参加し、とことん意見
を出し合って、話し合って計画を作って実施した結果、全員が望むような、相
互見守り型の復興住宅や町づくりができたという良い事例です。

　気仙沼の大谷海岸には、高い防潮堤ができるはずでしたが、地域の若者グ
ループがそれに反対しました。防潮堤を造ってしまうと、自分たちが大切にし
てきた白い砂浜がなくなってしまうので、10年間交渉して、道路を嵩上げす
ることで合意しました。2022年から、また白い砂浜が解禁になりました。こ
れは、市民によるグッドガバナンスの良い事例だと思います。

## 防災・復興に役立つさまざまな成果物

　復興のプロセスで、市民団体、女性グループ、LGBTQの人々、地方行政な
どが、災害に関連する多様なガイドラインを作るようになりました。とちぎ男
女参画財団の避難所の冊子、「私にもできる防災・減災ノート」(流山市)、「命
と暮らしを守る避難所ガイドライン」(盛岡市)、「多様な性を生きる人のため

図6　避難所の間仕切りの変化

写真提供：（左）堂本暁子、（右）The Sankei News「フォトギャラリー　コロナ禍の避
　　　　　難所『想定外』で収容人数見直し相次ぐ」https://www.iza.ne.jp/kiji/events/
　　　　　photos/200714/evt20071418240029-p1.html、2022年6月20日アクセス。©産
　　　　　経新聞社

の防災ガイドブック」（ESTO）などがあります。また、私が所属する男女共
同参画と災害・復興ネットワークというNGOは、国内外でロビー活動をして
きましたが、10年間の活動記録を『女性が変えた災害復興』という報告書に
まとめました。ホームページにも載っています[9]。

　避難所に間仕切りがない状況も最近、改善されてきています。2011年の東
日本大震災の時は間仕切りがなく、女性はプライバシーがなくて大変だったの
ですが、最近、新型コロナウイルス感染症の「おかげ」もあって、カーテンの
間仕切りが使用されるようになり、プライバシーを守れるようになりました。
間仕切りは女性だけでなく、プライベートな空間を必要とする男性、LGBTQ
の人々、高齢者や病気がちな人々にも役立っています。

　主に地域の子どもを対象にして、毎年、何十回も災害への備えの研修活動を
している「女性防災クラブ平塚パワーズ」という団体もあります。兵庫県では、
「おの女性防災グループ：クローバー」という団体が防災研修をしています。
この2つのグループの活動を収めたビデオがありますので、ご覧ください[10]。

【ビデオ】

　ナレーション：2015年3月、仙台市で第3回国連防災世界会議が開催され、世界の187カ国の代表、国際機関、市民団体など6,500人以上が参加しました。その世界会議で、グローバルな防災指針として、「仙台防災枠組」が満場一致で採択されました。

　「仙台防災枠組」は、2030年までに達成する目標を設定し、災害予防を重点的に行うことや、これまで防災の分野で大きな発言権がなかった女性、若者、高齢者、障がい者、移住労働者などの多様な集団がリーダーシップを発揮することの重要性を強調しました。

　この「仙台防災枠組」をきっかけに誕生した防災団体があります。兵庫県小野市の「おの女性防災グループ：クローバー」です。「仙台防災枠組」の指針を受けて開かれた防災講座を2年間受講し、防災士の資格を取った地域の女性リーダーたちが中心となり、2017年に結成しました。女性ならではの視点で考案した親子向けの防災プログラムでは、100円ショップの商品だけで作れる防災グッズや、牛乳パックとお菓子の箱や袋で作る子ども用の防災ポシェットなどを紹介しています。ポシェットには、健康保険証のほか、保護者の連絡先や血液型、アレルギーの有無などを書いた紙を入れるポケットがついていて、子どもたちに「自分の命は自分で守ろう」と伝えています。

　「"向こう3軒両隣"ってありますよね。ああいう形の集まりが小野市全体にあればいいなと思ってるんですね。だから、本当に女性のコミュニケーション力って強いと思うんですね。ですから、やはり講習とかに来ていただいても、必ず人の意見を聞いて発表する。仲良くなるっていうことをモットーにしているし、あとは明るく楽しくです。本当に楽しく……」。

　この日は市内の食品会社で働くインドネシアからの技能実習生に向けての防災セミナーです。

　市の中心部を加古川が流れる小野市は、過去に台風による大規模な浸水害が発生しました。河川の氾濫や、大きな地震が起きたときは、誰に連絡し、どこへ逃げたらいいのか、避難行動を時系列で確認していきます。

　「避難所に皆さんが逃げたときに、体を誰かに触られたり、突然抱きつかれたり、嫌なことを言われたりするかもしれません。もう必ず我慢しない。被害を受けたら、私たち女性にぜひ相談してほしいと思っています」。

　災害時には、防災リーダーとして避難所運営などに参画する彼女たちの存在が、地域の防災体制をより強固なものにしています。

　今、ジェンダーの視点で考えた防災啓発を実施している団体が日本中で増えています。その代表格とも言えるのが、今年で結成25周年を迎え、令和2年、防災功労者内閣総理大臣表彰を受賞した女性防災クラブ「平塚パワーズ」です。阪神・淡路大震災をきっかけに、平塚市が開いた防災講座を受講した女性たちが平塚パワーズとして活動を始めました。

　しかし、当初は、女性が防災に加わるという前例がなく、苦労が多かったと言います。

　「私たちは今、女性ばっかりじゃないですか。そうすると、自治会に行って、これをやらせてくださいなんて言ったって、そう簡単には受け付けてくれませんよ。女性に何ができるのっていうのが、多分そこにはあるんじゃないかなと今でもそれは感じていますし、そこをやっぱり感じておかないとうまく回っていかない。これをちょっと紹介していいですか、そういう切り込み方で入っていくと、現実を見ていただくと、男性の方も女性の方も納得してくださるじゃないですか」。

　女性ならではの発想でメンバーたちが考案した実用的な防災グッズの数々は徐々に評判を呼び、今では関東各地の自治会や学校などで毎年およそ70回、6,000人に対して防災訓練や講習会を開いています。

　特に力を入れてきたのが段ボールトイレの普及です。外側をガムテープで防水した大小2つのダンボール箱を用意。くり抜いた穴に合わせて小さい方を中に入れ、重ねて板状にした段ボールで隙間を補強します。

　東日本大震災では、仙台市に作り方の資料を送り、避難所で活躍。2016年の熊本地震では作り方を公開した動画へのアクセス数が20万回を超えました。

　こちらは、メンバーが考案したバスタオルで作った防災頭巾。内側にはフェイスタオルや軍手、着替えのTシャツが縫い付けてあり、その中にマスク、下着、防寒シートなど避難所で必要なものを入れられるようになっています。

　ほかにも、ポリ袋と養生テープだけで作れる簡易防護服や、身の回りにあるものだけでできる応急手当法など、これらのアイデアをまとめた平塚パワーズの冊子は、英訳版のほか、点字版、音声ガイド版も発行されています。

　「災害時は自分が助からないと誰も助けられない。なので、まずは自分、そして家族、そして地域と、そういうふうに考えています。平塚パワーズ、オー！」。

　このように、女性が主体となった防災活動は全国に広がっています。

　（ビデオ了）

　このビデオには、関西の障がい者グループの活動、青森のLGBTQの人々の活動、日本にいるインドネシア人の防災グループ、ウィメンズネット神戸（女性に対する暴力防止）など、いろいろな活動事例が紹介されています。英語版とダイジェスト版もあるので、ぜひJICA-Netライブラリで見てください。

　女性に対する暴力は、阪神・淡路大震災のときから問題になっていました。現在、よりそいホットラインが平常時でも機能していて、日本語と10言語で対応できるようになっています。このような平常時からの取り組みも重要です。

### 国際協力における防災・減災・復興とジェンダーの取り組み

　最後に、日本の国際協力についてお話しします。世界中でジェンダー視点に立った災害への対応が注目されています。第3回国連防災世界会議で採択された「仙台防災枠組」には、女性や若者をはじめとして、多様なステークホルダーが防災の意思決定に参加していくことが重要だと書いてあります。皆さんのような若い方々がもっとリーダーシップを取って防災活動をしていくことが期待されています。

　国際協力機構（JICA）は、災害が発生すると、緊急対応、復旧・復興支援、災害予防・災害への備えという災害リスク管理のサイクルで国際協力を進

◆災害リスクの要因には、社会・経済的な差別や排他的な構造・制度に基づく脆弱性があることを認識。
◆防災の位置づけを「人道」から「開発」へ。防災損失は経済発展の阻害要因。防災は開発課題の根源に関わる課題であり、開発に不可欠。
◆事後対策のみでなく、予防や備えを重視した「災害リスク削減」（DRR）へ。
◆より良い復興（BBB）、災害にレジリエントな新たな社会の構築。
◆多様なステークホルダーの意思決定過程への参画（社会的包摂アプローチ）：女性、若者、障がい者、貧困者、移民、先住民、ボランティア、高齢者など、関連するすべてのステークホルダーが政策・計画・基準の企画立案および実施に関与。
◆女性と若者のリーダーシップ。
◆性別、年齢別、障がい別などのデータ収集と分析。

図7　仙台防災枠組（2015〜2030）の特徴

女性のためのスペースと女性グループの生計復興支援

図8　フィリピン台風ヨランダ
写真提供：筆者

め、災害にあっても早期に復元・回復が可能なレジリエントな社会の構築を
支援してきました。開発途上国で災害が起きたらすぐ緊急援助隊を派遣します
が、派遣する女性専門家や女性医師の割合が低いのが課題です。また、ジェン
ダーの視点だけではなく、文化的な配慮をしながら緊急支援をしていかなくて
はいけないので研修のためのガイドラインを作っています。

　JICA は、復旧・復興支援のプロジェクトも多くの途上国で実施してきまし
た。スリランカ南部の地滑りが多発する地域で実施したプロジェクトでは、地
域の防災委員会に女性がたくさん参加し、ハザードマップを自分たちで作り、
防災訓練もしています。

　フィリピンの台風ヨランダ（ハイヤン）からの復興支援プロジェクトでは、
緊急避難所に女性のための集会所（ウイメン・フレンドリー・スペース）が作
られました。女性たちは、台風で収入源がなくなってしまったので、JICA は
そのスペースを利用して会合を開き、女性たちを対象に食品加工など、生計回
復支援のための技術プロジェクトを実施しました。

　ネパール地震の復興支援も行いました。被災した村では、女性たちが飼っ
ていたヤギや家畜が死んで収入源がなくなってしまったので、女性組合をつ
くって、ヤギを集団で飼育し、野菜栽培、グループ融資などをする支援をしま
した。

　地震でたくさんの家屋が崩壊したので、家屋再建も支援しました。ネパー

ネパールのバルパック村における女性組合を通じた野菜栽培

図9 JICA による生計復興支援
写真提供：JICA ネパール事務所

ルの農村ではレンガなどを積んで家を造ることが多いので、石工という仕事がありますが、それは伝統的に男性の仕事です。ですが、石工になりたいという女性もたくさんいたので、これを機会に、そのような女性に石工の研修や仕事を提供して、女性の新しい職業の領域を開拓するということに貢献しました。

　政府から住宅再建の補助金を受け取るためには銀行口座がないといけないのですが、農村女性は銀行口座を持っていませんでした。これを機会に女性名義の銀行口座を作って、女性に補助金が入るようにという支援もしました。すると、住宅再建の補助金だけでなく、他の社会福祉的な補助金も簡単に受け取れるようになり、女性のエンパワーメントに貢献することができました。

　JICA は、インドネシアの中部スラウェシ地震の復興支援も実施しました。ここでも収入源を失った女性のために生計回復支援をしました。もちろん男性に対しても支援していて、家具を作る大工になるための研修や、地震で壊れた漁船を造り直すような支援を実施しました。

　2015 年以降は、日本に途上国の関係者を招聘して、ジェンダーと多様性の視点に立った災害対応に関する研修を毎年実施しています。これまでに、バングラデシュ、ネパール、インド、フィリピン、インドネシア、それから地震が多い中南米のメキシコ、チリ、ボリビアなど 17 カ国から 80 名以上が参加してきました。この研修には、各国の防災担当者（男性が多い）、男女共同参画

担当者（女性が多い）、防災活動をしている市民団体の3者を、それぞれの国から招聘して、日本の関係者との情報交流、経験の共有をしてきました。最近は、コロナ禍のためにオンラインで実施してきましたが、2022年11月には再開して、東京と仙台で対面とハイブリッドで研修をします。

## 国際的なロビー活動をする女性グループ

世界では、防災・減災・復興に関して、ケニア、ブラジル、アメリカ、カナダ、スイス、イギリス、オーストラリア、スリランカ、日本などの市民団体で構成される「女性メジャーグループ」が、国際的なロビー活動をしてきました。「仙台防災枠組」に対しても、ジェンダー、若者、障がい者、少数民族などの権利や役割を重視するように、加盟国政府に働きかけてきました。日本からは、元千葉県知事の堂本暁子さんが、女性メジャーグループのメンバーとして参加されて、国際的なロビー活動をしてきました。

2022年3月にニューヨークの国際連合本部で開催された「国連女性の地位委員会」の優先テーマは、「気候変動および環境・災害リスク削減に関する政策・プログラムにおけるジェンダー平等とすべての女性・少女のエンパワーメント達成」でした。気候変動・環境・災害への対応は、包括的に行われなければなりませんが、国際社会ではそれぞれが別の仕組みで動いてきました。

環境に関しては、環境の分野で活動している女性グループがあります。気候変動女性グループも活動していて、「ジェンダーに関するリマ事業計画とジェンダー行動計画」を作り、日本を含めた各加盟国に対してその実施を呼びかけています。災害に関しては、女性メジャーグループのほかにも、国連女性機関（UN Women）や国際NGOから構成されるアジア太平洋地域のジェンダーステークホルダーグループ（GSHG）が積極的に活動しています。これらのグループとも、もっと連携していく必要があります。

## おわりに

まだまだ2030年までに解決しなければならない問題がたくさんあります。仙台防災枠組の優先行動に関しても、どこまで、2030年の目標年までに達成

できるのか試されています。マクロな政策レベルだけで考えるのではなく、JICA ビデオでご紹介したような地域の防災活動を一人ひとりが実行していくことが大切です。両方が合わさって、災害にレジリエントな社会、より民主的な持続可能な社会につながっていくと思います。

　皆さんも自分こととして、何ができるのかを考えるきっかけにしていただければ幸いです。今日はどうもありがとうございました。(拍手)


【参加者との質疑応答】

質問：どうもありがとうございました。私は函館在住ですが、外国人の観光客が大勢来られている、もちろん女性も大勢来られています。しかし、こうした外国人観光客に、行政が防災の周知徹底をする取り組みがみられないように思っています。必要ではないでしょうか。

　　それからもう一つ。今日は自然災害についてお話しくださいましたけれども、それと並んで人的災害がありますね。函館の場合は、向かいの大間で原子力発電所建設中という問題もあります。今、訴訟も2つ起こっております、自然災害と原子力災害は、分けて考えておられるのか、あるいは同じ災害として考えておられるのか、その点をお伺いします。

田中：ご質問ありがとうございます。

　　観光客の方々に対しても、防災に関して情報提供をしたほうがいいと思いますし、パンフレットを作ってお配りするとか、緊急事態が起きたらどうするかというのをお知らせしておいたほうがいいと思います。

　　さきほどビデオで見ていただいた小野市に住んでいらっしゃるインドネシアの方々は、技能実習生です。技能実習生の場合は、企業が責任を持って防災研修をしないといけないと思います。多分大企業であれば防災研修をしていると思いますが、中小企業だとそこまで手が回らないのではないかと思います。そのような場合は、企業と地方自治体が一緒になって、技能実習生の方々に防災研修をしないといけないと思います。観光客の場合も同じだと思います。

　　ピースボートというNGOがあります。ピースボートは、日本にいる外

国籍の方々に対して防災研修をしています。自治体からの補助金を活用して、英語で定期的に研修しています。研修の冊子も作っています。そういう研修がもっと普及していくとよいと思います。私もピースボートと一緒に活動したいと思っているところです。

　それから、今日は時間がなくてフクシマの問題には全然触れることができませんでした。フクシマは人為的な災害だと思います。「複合災害」という言葉がありますが、自然災害プラス原子力発電のような災害が合わさった災害、自然災害と新型コロナウイルス感染症が合わさった災害など、今後はダブル、トリプルの災害が来ると思います。

　ですから、そういうことに関しても考えて準備しておかなくてはいけないと思います、原子力に関しては、SDGs では持続可能な地球をということを言っていますので、省エネ型の発電、太陽光や風力など、オルタナティブエナジー源にどんどんシフトしていく必要があると思います。日本の場合は、その移行が遅いと思います。

　日本政府は、気候変動の COP 会議で国際市民団体から不名誉な化石賞をもらっています。石炭火力から脱しなければいけないのに、なかなか脱し切れないということがあります。もっと代替エネルギーにシフトしていかないと、また自然災害が起きたときに、原子力関係の災害も絶対起きると私は思っていますので、何とかしないといけないと思っています。

　ありがとうございました。（拍手）

注
1)　北海道教育大学函館校国際地域研究シンポジウム「国際地域研究の可能性 ― 重なりあう世界　わたしは何をする？ ―」（2022 年 7 月 1 日）における基調講演の内容を本書用に編集して掲載。ここに掲載した図はすべて講演中に提示されたスライドの一部。
2)　内閣府「図表 3　世界の災害の地域分布」『平成 27 年版　防災白書』、https://www.bousai.go.jp/kaigirep/hakusho/h27/zuhyo/zuhyo00_03_00.htm、2022 年 11 月 20 日アクセス。
3)　内閣府「図表 7　国の一人当たり平均所得別自然災害による死者数及び被害額の割合（1984年〜 2013 年）」『平成 27 年版　防災白書』、https://www.bousai.go.jp/kaigirep/hakusho/h27/zuhyo/zuhyo00_07_00.html、2022 年 11 月 20 日アクセス。

4) Blaikie, Piers, Terry Cannon, Ian Davis, and Ben Wisner［ブレーキー　他］(1994) *At Risk: Natural Hazards, People's Vulnerability and Disasters*. London: Routledge. および Wisner, Ben, Piers Blaikie, Terry Cannon, and Ian Davis (2004) *At Risk Second Edition: Natural Hazards, People's Vulnerability and Disasters*. London, New York: Routledge.

5) Lesbian, Gay, Bisexual, Transgender, Queer または Questioning　の頭文字をとったもの。多様な性のあり方を示す表記として知られる。日本語で「性的少数者」あるいは「性的マイノリティー」とする訳語について、これを差別用語とみる人もいる。

6) 内閣府男女共同参画局 (2020〔令和2年5月〕)『災害対応力を強化する女性の視点〜男女共同参画の視点からの防災・復興ガイドライン〜』、https://www.gender.go.jp/policy/saigai/fukkou/pdf/guidelene_01.pdf、2022年11月20日アクセス。

7) 復興庁男女共同参画班 (最新版は2022年10月26日)『男女共同参画の視点からの復興〜参考事例集』、https://www.reconstruction.go.jp/topics/main-cat1/sub-cat1-16/20130626164021. html、2022年11月20日アクセス。

8) 東日本大震災女性支援ネットワーク (2012)『こんな支援が欲しかった！ 災害支援事例集』、http://risetogetherjp.org/?p=2189、2022年11月20日アクセス。

9) 男女共同参画と災害・復興ネットワーク編 (2022)『女性が変えた災害復興』、https://jwndrr.org/references/、2022年11月20日アクセス。

10) JICA-Net ライブラリ、https://www.youtube.com/c/JICANetLibrary、2022年11月20日アクセス。
　　日本語版：『ジェンダーと多様性の視点に立った防災・減災・復興』、https://www.youtube.com/watch?v=EQsftBFjkPg、2022年11月20日アクセス。
　　英語版：Gender and Diversity in Disaster Risk Reduction、https://www.youtube.com/watch?v=Ognx8sJD3q4、2022年11月20日アクセス。
　　その他のジェンダー関連マルチメディア：https://www.jica.go.jp/activities/issues/gender/publication/multimedia.html、2022年11月20日アクセス。

# 第 1 章

# 地域社会の多様性と人権
― パートナーシップ制度を中心に ―

伊藤　泰

## は じ め に

　わが国で初めて 2015 年に東京都の 2 つの特別区で同性パートナーシップ制度（以下「パートナーシップ制度」と述べる）が創設されて以来、この制度を導入する自治体の数は加速度的に増加している。北海道でも 2017 年に札幌市でこの制度が導入されたのをはじめ、2022 年春には江別、函館、北見の 3 市で導入された。この制度を設ける自治体の数は、今後も増え続けることが予想される。

　このような全国的なパートナーシップ制度拡大の背景には、一方で、それぞれの自治体における人口政策その他の政策上の考慮が関わっているのは確かだろう。性的少数者に優しい街づくりを進めることで、彼らやその家族の当該自治体への居住を促したり、あるいは「マイノリティに優しい街」というイメージの確立により、さまざまな少数派の立場にある人々や多様性を好ましく思う人々を呼び込んだりしようとしている。近隣の自治体がパートナーシップ制度を立ち上げるなか、イメージアップ戦略の競争（「囚人のディレンマ」的な）に巻き込まれ、「わが町でもこの制度を立ち上げよう」と重い腰を上げる自治体もなかにはあるかもしれない。

　他方で、このようなパートナーシップ制度の拡大の背景に、性的少数者の

権利を確立しようとする運動、とりわけ「人権」という観念に依拠しながら、彼らの権利の承認へ向けて活動する人々の努力があることは間違いない。20世紀後半以降、人権の確立へ向けた各種NGO等の活動が国際社会を舞台として活発に行われるなか、その影響は国内レベル、さらには地域のレベルにまで及んできており、そのなかには性的少数者を対象としたさまざまな活動も含まれる。たとえばパートナーシップ制度の推進へ向けた活動については、異性婚により人々が享受するさまざまな利益が同性カップルに与えられないのは差別に当たるとして、日本国憲法第14条や第24条等を根拠に、彼ら性的少数者にも人権としてのさまざまな権利が保障されるべきだとの主張がしばしばなされる。

　かくして、わが国においてもさまざまな少数者の人権の保障とそこから帰結する地域社会の多様性というものは、見逃すことのできない重要なテーマとなっている。本章においては、このような人権としての憲法上の諸権利と地域社会の多様性との関係について、特にパートナーシップ制度に焦点を当てて検討する。

## 1.　わが国におけるパートナーシップ制度をめぐる動き

　わが国におけるパートナーシップ制度とは、同性カップルが「婚姻に相当する関係」にあることを各自治体がそれぞれの方法で証明し、それにより法律婚が認められていない彼らに対してさまざまな利益（たとえば公営住宅への家族としての入居や、携帯電話の家族割など）を保障しようとする一連の仕組みである。この制度の最大の特徴は、「国の制度」として全国一律に適用されるというのではなく、それぞれの自治体の管轄内でのみ効力を有する「地方の制度」として確立され広まってきていることにあり[1]、2015年11月に世田谷区と渋谷区で導入されて以来、これまで（その名称や細かい内容はさまざまであれ）全国225の自治体でこの制度が採用されてきている（2022年8月1日現在。表1-1参照）。それらの自治体に居住する人々の数の、日本の全人口に占

表1-1 パートナーシップ制度を導入した自治体

| 年 | 市区町村 | 都道府県 |
|---|---|---|
| 2015 年 | 世田谷区、渋谷区 | |
| 2016 年 | 伊賀市、宝塚市、那覇市 | |
| 2017 年 | 札幌市 | |
| 2018 年 | 福岡市、大阪市、中野区 | |
| 2019 年 | 大泉町、千葉市、豊島区、江戸川区、府中市、横須賀市、小田原市、堺市、枚方市、総社市、熊本市、鹿沼市、宮崎市、北九州市、西尾市、長崎市、三田市、交野市、横浜市、鎌倉市、大東市 | 茨城県 |
| 2020 年 | 三豊市、尼崎市、さいたま市、港区、文京区、相模原市、逗子市、新潟市、浜松市、奈良市、大和郡山市、高松市、徳島市、古賀市、木城町、川越市、豊明市、伊丹市、芦屋市、川崎市、葉山町、いなべ市、富田林市、岡山市、川西市、京都市、貝塚市、坂戸市、小金井市、栃木市、北本市、松戸市、国分寺市、鴻巣市、弘前市、渋川市 | 大阪府、群馬県 |
| 2021 年 | 三浦市、吉野川市、東かがわ市、広島市、明石市、桶川市、高知市、伊奈町、大和市、亀岡市、上尾市、安中市、行田市、本庄市、越谷市、三芳町、足立区、国立市、藤沢市、茅ヶ崎市、松本市、富士市、豊橋市、西宮市、猪名川町、天理市、生駒市、北島町、土庄町、小豆島町、多度津町、臼杵市、日南市、指宿市、延岡市、浦安市、千代田町、長岡京市、東松山市、南足柄市、大井町、金沢市、豊田市、日光市、入間市、宇部市、三好市、新富町、久喜市、毛呂山町、川島町、松田町、彦根市、向日市、備前市、安芸高田市、唐津市、大津町、浦添市、狭山市、那賀町、ときがわ町、甲州市、倉敷市、真庭市、善通寺市、えびの市、白山市、船橋市、草加市 | 佐賀県、三重県 |
| 2022 年 | 所沢市、飯能市、日高市、三原市、鹿児島市、蒲郡市、吉川市、市川市、多摩市、綾瀬市、寒川町、江別市、美馬市、上峰町、深谷市、函館市、北見市、秋田市、野木町、吉岡町、熊谷市、八潮市、富士見市、吉見町、鳩山町、横瀬町、美里町、神川町、上里町、宮代町、北区、武蔵野市、平塚市、厚木市、海老名市、大磯町、二宮町、中井町、山北町、開成町、愛川町、駒ケ根市、関市、静岡市、湖西市、岡崎市、新城市、高浜市、田原市、福知山市、姫路市、たつの市、笠岡市、廿日市市、府中町、阿南市、観音寺市、さぬき市、宇多津町、綾川町、琴平町、まんのう町、福津市、粕屋町、竹田市、豊後大野市、西都市、門川町、荒川区、春日井市、習志野市、鳴門市、坂出市、土佐清水市、日向市、ふじみ野市、清川村、豊川市、茨木市、境港市、菊池市 | 青森県、秋田県、福岡県 |

出典：公益社団法人 Marriage For All Japan の HP をもとに筆者作成。
注：記載は制度導入の日付の順。2022 年 8 月 1 日現在。

める割合はいまや5割を超えているという状況である。

　国の制度ではないということは、管轄以外の法的効果の面でも影響を及ぼす。一般的にしばしば喧伝されるように、婚姻（法律婚）とは異なり、パートナーシップ制度においては法的効果は生じないと思われがちである。確かに、法律によって設けられた制度ではないため、パートナーであることの宣誓等により法律上の権利や義務が生じることはないが、必ずしもそうではない。自治体がこの制度を設けた際の法形式に応じて一定の法的効果が生じうる。

　たとえば、行政内部の指針である「要綱」によってこれを基礎づけた場合、対私人の関係での法的効果は生じないものの（とは言え、その場合でも事業者等にさまざまなサービスの提供を要請することは可能である）、行政内部での法的効果は生じる。また、「条例」によりこの制度を設けた場合、行政内部のみならず対私人の関係でも法的効果が生じるし、またその際には権利だけでなく一定の義務を課すことも可能である[2]。もっとも、これまでにパートナーシップ制度を導入した自治体のほとんどは要綱方式を採用しており、条例方式を採用した自治体は東京都渋谷区や豊島区など一部に過ぎない。

## 2.　人権観念への訴えかけ

　このようなパートナーシップ制度についてここで注目したいのは、その導入をさまざまな自治体に働きかけるべく性的少数者や各種団体が活動を行い、またこの制度について研究する学者がこれを基礎づける議論を行う際、さらには制度の導入を決めた自治体が市民らに向けて説明を行う際、彼らはしばしばこの制度の下で同性カップルが享受することとなる諸権利を人権として特徴づけ、その重要性を強調していることである。たとえば、渋谷区はこの制度を基礎づけた「渋谷区男女平等及び多様性を尊重する社会を推進する条例」の前文において、次のように定めている。

　　　本区では、いかなる差別もあってはならないという人権尊重の理念と人々の多

様性への理解を、区民全体で共有できるよう積極的に広めていかなければならない。

　　これから本区が人権尊重のまちとして発展していくためには、渋谷のまちに係る全ての人が、性別等にとらわれず1人の人間としてその個性と能力を十分に発揮し、社会的責任を分かち合い、ともにあらゆる分野に参画できる社会を実現しなければならない。

　また、パートナーシップ制度の拡大へ向けた取り組みを行っている弁護士の中川重徳なども、この条例に触れつつ次のように述べている。

　　同性パートナーシップ制度には、性的少数者が直面する困難や後述する「全般的な人権侵害状況」を部分的にでも解消・緩和し、性的少数者に対する社会の理解を増進するという役割があり、パートナーシップ制度のあり方は、この人権の視点から不断に検証される必要がある。渋谷区条例の同性パートナーシップ制度も、同条例第4条の理念、すなわち「性的少数者の人権を尊重する社会の増進」のための制度として位置づけられている。男女共同参画社会基本法3条は「男女共同参画社会の形成は、（中略）男女の人権が尊重されることを旨として、行われなければならない。」旨定めるが、多様性社会の実現と性的少数者の人権についても妥当するはずである。(中川 2016：211)

　これら人権観念に依拠したパートナーシップ制度の擁護論に見られる大きな特徴の一つは、この制度の下で保障される同性カップルの人権としての諸権利について、これを日本国憲法の諸権利条項、とくに憲法第13条、第14条、および第24条に由来するものとして説明していることであるだろう[3]。たとえば、憲法学者の中曽久雄は次のように述べる。

　　個人の尊重を保障する憲法のもとでは、個人の多様性も尊重され、LGBTは自らの人生を構想し選択するかけがえのない存在として他の個人と等しく扱われなければならない。従って、自己決定権の根源的重要性はLGBTにも等しく及び、LGBTに対する差別は14条のもとで禁止され（私人間でも同様であり、私人間で生じる差別を排除する方向で人権規定が適用されるべきである）、24条を根拠にLGBTに対して法的保護を付与する制度を創出することは可能である。(中曽 2017：24)

　かくして、パートナーシップ制度については、人権として理解された憲法上の諸権利の観点からこれを正当化する試みが多く見られるけれども、その際そこで主張される権利については、憲法学の観点からすれば、自由権的なものと社会権的なものとが含まれるように思われる。たとえば、同性カップルへの偏見に基づく公的サービスの拒否（公営住宅への居住拒否など）からの保護や、性的指向や性自認を理由とした雇用の場面でのもろもろの差別からの保護などは、後者については権利条項の私人間適用の問題はあるものの、自由権的な性格をもつ権利の主張と言うことができる。もっとも、人権としての憲法上の諸権利の観点からこの制度を正当化しようとする場合、そこで訴えかけられるのはこのような「国家権力（権利条項の私人間適用がなされる限りにおいて、国家権力に加えて私人も）からの自由」に関わる権利に尽きるものではない。たとえば、上述の中曽は、パートナーシップ制度のさらに先に同性婚を見据えながら、同性カップルに保障されるべき権利について次のように述べている。

　　同性婚をめぐる問題には、単に同性婚を許容するかどうかだけではなく、同性カップルに対して何らかの法的保護を付与することが可能かという問題も含まれている。そこで注目されるのが24条2項である。2項は家族に関する制度について、立法府に裁量を付与しつつも「個人の尊厳」に立脚することを要求している。上記のように同性婚を制限する理由が乏しいことを併せ考えれば、同性カップルに対して法的保護を付与する制度（例えば、ドメスティック・パートナーシップ制度）の創出は可能であろう。（中曽 2017：23-24）

　そのような踏み込んだ保護の必要性の指摘は、憲法学以外の分野からもなされている。労働法学者の内藤忍は、性的少数者に対する差別の文脈において次のように述べている。

　　このような性的マイノリティをめぐる差別、ハラスメント、格差の問題は、一つの排除が別の問題（排除）を引き起こしており、相互に関連し合っている。そして、まさに、個別ではなく、構造的な問題といえる。差別禁止に加え、将来的な構造改革を促す政策的なしくみが必須となる。そのために、人権保障といっ

た、差別禁止法の従来の理論的根拠に加え、社会的包摂の概念が新たな根拠として有用になるだろう。(内藤 2017：58)

　このような議論において、彼らの言う「同性カップルに対して法的保護を付与する制度」や「将来的な構造改革を促す政策的なしくみ」というものが、国家による性的少数者救済のための積極的な介入を求めるものであるなら、さらに言えば性的少数者にはそのような制度や政策的な仕組みを求める憲法上の権利があるというのなら、それらの主張は社会権的な要素を含んでいると言えるだろう[4]。


## 3.　社会権の諸前提

　仮にこのような理解が正しく、パートナーシップ制度の文脈における憲法上の諸権利の主張には、自由権的な要素と社会権的な要素の双方が見られるのだとしよう。その場合、考えるべきは、社会権に関わるインセンティブ問題の存在である。

　表現の自由や職業選択の自由など、「国家権力からの自由」を内容とする（自由権として特徴づけられる）諸権利については、仮にこれを保障する憲法上の諸条項に抵触する立法や行政処分等がなされたとしても、これに対してその後裁判所で違憲判断がなされることが期待される限りにおいて、人々としては必ずしもそれらの権利の保障を確保するためにそれ以上のアクションを取る必要はない（後述するように、そのような慢心が自らの首を絞めるということはあるにしても）。

　しかしながら、生存権や労働基本権のようないわゆる社会権として特徴づけられる諸権利については、そうではない。社会権とは社会的・経済的弱者の救済のために国家権力による積極的な介入を求める権利として、立法その他の措置を国に請求することから構成されるが、民主的国家においてそのような立法その他の公的行為は市民の多数派の賛同の下でなされるのを旨とするからで

ある。仮に憲法に一定の弱者救済を内容とする社会権条項が設けられたとして
も、これを具体化する立法がなされることに対して多数派市民が消極的である
としたなら（たとえば、累進課税制度の下での租税徴収その他による資金をも
とに国家が弱者救済を行うというとき、自らの財産を多く徴収される多数派市
民は自身や家族等が救済される側に転ずるおそれがない限り、そのような救済
に対して後ろ向きになるかもしれない）、立法はなされず弱者救済は実現され
ないこととなろう。仮に、そのような救済立法がなされないことそれ自体を憲
法違反として問う道が開かれていないならば（現在のところ、わが国におい
てそのような立法不作為の違憲性を認める判決を裁判所に期待するのは難し
い）、憲法に社会権条項を置くだけでは不十分であり、救済立法の成立へのイ
ンセンティブを必ずしも持たない多数派市民の賛同を何とかして得ることが、
この場合必要不可欠となる。

　かくして、同性カップルに一定の法的保護を付与する制度やその生活を支
援する構造的な政策的仕組みを国や地方公共団体に求めることを内容とする憲
法上の権利についても、これと同様の問題が存する。仮に国家による同性カッ
プルへの積極的な支援を求める権利というものが、憲法の諸権利条項の解釈上
では認められたとしても、それだけではこの問題は解決しない。そのような有
権解釈に加えて、そもそも同性カップルの婚姻の問題に関心を有さない人々、
あるいはまた同性カップルに対する偏見や救済のための原資の拠出への抵抗感
等の理由でそのような救済そのものに対して反対の立場の人々が少なからず存
在する社会の中で、それらの権利を具体化すべく提出された法案の可決に必要
な数の人々の賛同を得ることが、公的救済の実現のためには求められるのであ
る。

　その場合、このようなインセンティブ問題はいかにしてクリアされるのだ
ろうか。この点について、わが国における社会権研究の先鞭をつけた民法学者
の我妻栄は、次のように述べている。

　　中央の統治権力は、それによって利益を受ける階層のために行動する傾向をも
　　つ。しかるに、生存権の保障のために国家の積極的な施策を必要とするのは、そ

れ以外の少数階層を主とする。統治権力の動きがその面でとかく怠りがちになる
ことは、免れがたい運命であろう。そのとき、国の立法と行政の尻をたたいて福
祉国家の建設に進ませる原動力は、少数階層の言論と集団の力による批判と主張
以外にはありえない。重ねていう。福祉国家は無為にして実現されるものではな
い。憲法に明記することによって成立するものではない。主として少数階層の自
由と権利とを原動力とし、これに刺激され、これによって反省させられる統治権
力の不断の努力によって実現されるものである。かように考えれば、福祉国家こ
そ、国民のすべてに対して自由権的基本権を保障しなければならないことが明ら
かとなるであろう。（我妻 1970：431）

　要するに、社会権具体化立法の成否は、ひとえに社会的・経済的弱者によ
るその実現へ向けた行動にかかっているのであって、さらにそのような行動を
可能ならしめるためにはむしろ各種の自由権こそが手厚く保障されねばならな
いというのである [5]。性的少数者のケースについて言えば、救済立法の成立の
ために彼らが世の人々に向けて行う広範な言論・集会等の活動に対して幅広く
これを許容したり、あるいはそれらの活動を支援したりするということなどが
考えられよう。もちろん、そのような支援の下で、彼らが多数派の人々をいか
に説得できるかということが最も重要であるのは言うまでもない。

　かくして、同性カップルの婚姻（に相当する関係）に関する憲法上の権利を
めぐる問題は、最終的に各種自由権の保障の問題に行き着くことがわかる。性
的少数者に対する偏見に基づく公的場面での差別、あるいは（権利条項の私人
間適用がなされる限りにおいて）企業等の内部での差別の是正ということに加
え、救済立法の成立へ向けて多数派の人々を説得すべく少数者や各種 NGO 等
が行う活動の条件を整備すること――パートナーシップ制度をめぐる問題を
憲法学的に眺めた場合、求められるのはこうしたことである。

## 4. 人権観念の「諸刃の剣」的性格

　もっとも、このように述べてはみたものの、それらは必ずしも容易に越え
られるハードルではないだろう。というのもそもそも、憲法に規定されたもろ
もろの自由権条項についてこれを人権として理解することに関しては、近年、
憲法学者をはじめとした多くの研究者によって痛烈な批判がなされている。た
とえば、憲法学者の西原博史は次のように述べる。

　　国家権力を無から権力体として構成するための規範としての"実質的意味の憲
　法"を規範化し、その過程において権力が権力として認められるための条件を設
　定する形で権力制限を行うのが、その立憲的意義で捉えられた"憲法"という法
　規範の特徴だったはずである。その確認を相対化してしまえば、国家権力の限界
　ラインを画する憲法の働きは相対化してしまう。憲法上の人権規定を自然権とし
　ての人権と同視し、潜在的にであれ全方位性を持ち得るものと構成することは、
　代償を要求するものなのである[6)]。(西原 2007：294)

　そのような批判は、法学者以外からもなされている。たとえば、ゲーム理
論家のケン・ビンモア（Kenneth G. Binmore）は次のように述べる。

　　私たちが何であれ自らの持つ権利を維持できるのは、私たちの多くが十分な
　力を集団として確保し、権威主義者たちにはこれを奪い取ることができないから
　に他ならない。この厳しい現実を隠蔽するプロパガンダはいかなるものであれ、
　圧政下に生きることを望まない私たちにとっての脅威である。不可譲の自然権に
　関するレトリックは —— 短期的にはどれほど効果があろうとも —— すべて放棄
　したほうがよいだろうと私は考えている。自由の代価として常に警戒を続ける必
　要はないと子供たちに思わせてしまってはいけないのである。(Binmore2011：
　94、栗林訳 2015：142)

　要はこういうことである。憲法に規定された諸権利が自然権的な人権であ
るなら、それらの権利は前国家的、前憲法的なものとして仮に国家権力による
侵害があったとしても変わらず妥当するものであるから、そのような侵害に対

して目くじらを立てる必要はないとか、あるいはそれらの権利が自然権的な人権であるなら啓蒙されたすべての人がこの権利の重要性を認識しているはずであり、したがって多数派の人々も彼らを代表する議会の多数派もそれらの権利を真剣に捉えるはずであるから、彼らによる立法権の行使に対して神経質にこれを監視する必要性は小さいとかと、少なくない数の人々が考えるものとしよう。あるいはまた、憲法に規定されたもろもろの権利条項とは人権一覧の確認リストであるから、そこに多数派の人々の利益など絡んでいようはずがないと、多くの人々が考えるものとしよう。このとき、そのような信頼の下に特定の問題に関して少数派の立場にある人々が政治に関する緊張感を失い、政治的集会への参加や投票にかかる情報収集、さらに投票所に足を運ぶこと等の政治的行動にかける費用を削減したとするなら、結果として多数派の人々は少数派にとって望ましくない内容の法案を、そうでない場合よりも容易に成立させることができるだろう。同性カップルのケースにおいてこのことは、彼らに対する差別を温存させたままの法制度（あるいは彼らだけでなく多数派の人々に対しても損失をもたらすような法制度さえも）が維持、強化されかねない、ということを意味している。

　憲法上の諸権利を人権として理解することが伴うかもしれない問題はこれだけではない。もろもろの社会権についても同様の問題は考えられる。というのも、裁判所による憲法の諸権利条項の解釈について、仮に現状では少数者の権利を認めないような解釈がなされているのだとしよう。その場合、それらの条項について人権としての理解が社会的になされている下では、人権である以上いずれは少数者の権利性を認める解釈を裁判所は行うだろうとして、多数派の人々はそのような裁判への自らの関与（少数者の権利を認めるような判決が得られるようにするための資金その他の面での協力）を差し控えるかもしれない。

　また、少数者を救済する立法についても、人権である以上、自分たち多数派の関与がなくとも少数者の救済はなされるはずだと考えることで、そのような救済立法の成立に多数派の人々は無関心になるかもしれない。その場合、仮に憲法の社会権条項について裁判所が少数者の権利を認めるような解釈を行っ

たとしても、これを受けてなされるべき救済立法について多数派の協力は得にくくなるだろう。

このことは、同性カップルのケースにおいて彼らに一定の法的保護を付与する制度やその生活を支援する構造的な政策的仕組みを国や地方公共団体に求める権利について、これを憲法第14条や第24条をもとに導き出そうとする試みが困難になることを意味するだろう。裁判所においてそのような権利が認められるのが難しくなるだけでなく、仮にこれが認められたとしても、それらの制度を具体化するための立法の成立へ向けた協力を多数派の人々に求めるのはよりいっそう困難になるかもしれない。

冒頭で述べたように、とくに20世紀後半以降、性的少数者をはじめさまざまな弱い立場にある者の救済に立ち上がった世界中の人々は、人権という理念を前面に掲げて多くの権利を勝ち取ってきた。国際人権の枠組みの発展には実に目覚ましいものがある。もっとも、人権観念の援用は、望ましい結果ばかりをもたらすわけではないだろう。たしかに、性的少数者に対する社会の理解の増進を図るうえで、人々がすでに慣れ親しんでいる人権観念を前面に出すことはある程度有効に働くかもしれない。しかし、憲法上の諸権利について人権としての理解がなされている現在の社会の状況の下では、この観念への素朴な訴えかけは上述のような負の効果をも持ちうる。要するにそれは、「諸刃の剣」的な性格を有しているのである。


## おわりに


わが国における現在のパートナーシップ制度をめぐる動きは、同性カップルの権利についての社会的承認に基づくものというよりは、むしろそのような社会的承認あるいは性的少数者についての社会的認知を間接的に目指す形で、自治体のイニシアティブの下で（制度を検討する委員等の形で性的少数者らが関与することはあるにしても）行われているものである。それはたしかに重要なものであるだろうし、制度の導入により人々の意識は一定程度変化すること

が期待されよう。

　しかしながら、この動きが必ずしも地域社会における人々の十分な議論を踏まえたものではないということ（条例形式ではなく要綱形式が多数を占めるのはその一つの現れといえよう）は、この制度の将来に暗雲をもたらさないとも限らない。いまは全国的にこの制度の導入が一種の「ブーム」となっているけれども、仮にこのブームが去った場合、制度の地域的な広がりや内容のさらなる充実という点での進展は、そこで歩みを止めてしまうかもしれない。

　このことを考えるならば、この制度についてのより確固とした基盤の確立が求められよう。社会的議論を踏まえた性的少数者の権利についての社会的承認をもって初めて、この制度のさらなる前進は期待されうる。そしてそのような社会的承認を目指すうえで、人権として理解された憲法上の諸権利を前面に掲げる戦略は、多数派市民の無関心を招きかねないという点で、かえってこの目標の実現を阻害する結果となるかもしれない。

　ドイツの法学者ルドルフ・フォン・イェーリング（Rudolf von Jhering）は、法の発展を歴史的必然として捉える見解に対して、次のように述べた。

　　　それは理論的見解としては間違ってはいてもとくに危険なものではないが、政治的原理としては最も憂うべき謬見を含んでいる。なぜなら、それは、人間が行為すべきところ、それも目的を完全に見定め全力を挙げて行為すべきところで、そんなことをしなくても問題はおのずから解決されると説き、かれらのいう法の源泉すなわち国民の法的確信からしだいに現れてくるのを信じて懐手に待つに限る、と勧めるのだから。（イェーリング 1982：38-39）

　このような彼の見解はここでの議論にも同様に当てはまるかもしれない。人権としての憲法上の権利が関わっている以上、少数者の問題については積極的な関与を自分たちがするまでもなくおのずから解決されるはずだと、人々に思わせてしまってはいけないのである。

注

1)　このように地方でこの制度が広まっている現状について、パートナーシップ制度が国の制度として樹立されることを目指す観点から政治学者の久禮義一は次のように述べる。

> 地方から「同性パートナーシップ制度」樹立の「狼煙」を挙げ、法制度に消極的な政府に地方からプレッシャーをかけることが早期の立法化を実現する最善の対策と考える。幸いなことに国会議員に比べ、地方議員の方が積極的で自らカミングアウトした議員を中心にし、『LGBT自治体議員連盟』を発足させ議連の趣旨に賛成する県議や市区町議も参加し性的少数者の人権を守る条例や施策を地方議会を通じて全国の自治体に拡げていくことを目指す。(久禮 2018：101)

2)　パートナーシップ制度の下で同性カップルが享受することが期待される各種利益の詳細については、中川（2016：221-224）を参照のこと。

3)　この点については、棚村（2016：6）参照。

4)　憲法第24条については、その原案を作成したGHQ民政局のベアテ・シロタ（Beate Sirota）がこれを「社会的権利および経済的権利」の項に含めていたこともあって、憲法学者らはしばしばこれを社会権として理解している。この条文を社会権的に捉える諸理論については、君塚（2002：23-26）参照。

5)　社会権の実効性を高めるためには、これ以外にも、そもそも社会権について規定する憲法の条文を、立法府の裁量を狭める形で詳細な内容にするという方法などが考えられる。我妻が「その施策の内容が憲法によって具体的に示されればされるほど、その保障が確実になるのはいうまでもない」（我妻　1970：186）と述べるように、将来、具体化されるべき立法の内容について憲法の社会権条項が詳細に注文をつけているとき、このことは立法府に対する相当の圧力となるだろう。しかしながら、それでもなお立法府が救済立法の成立に動かないこともありえようし、またそのような社会権条項の詳細化がこれを具体化するにあたって将来行われるかもしれない政策的判断の余地を前もって狭めることを考えれば、条項の詳細化にも限界がある。これらの点については、伊藤（2022：141-144）参照。

6)　憲法の諸権利条項を人権として理解することを批判する憲法学者の議論として、ほかにも石川（2002）、石川（2007）、松本（2007）、横大道他（2009）などを参照。

**引用・参考文献**

イェーリング、ルドルフ・フォン、村上淳一訳（1982）『権利のための闘争』岩波書店。

石川健治（2002）「人権論の視座転換 ― あるいは『身分』の構造転換 ―」『ジュリスト』1222号、2-10ページ。

石川健治（2007）「『基本的人権』の主観性と客観性 ― 主観憲法と客観憲法の間 ―」　西原博史編『岩波講座 憲法2 人権論の新展開』岩波書店、3-22ページ。

伊藤泰（2022）『憲法上の権利の政治経済学』成文堂。

君塚正臣（2002）「日本国憲法二四条解釈の検証 — 或いは「『家族』の憲法学的研究」の一部として — 」『關西大學法學論集』52 巻 1 号、1–72 ページ。

久禮義一（2018）「同性パートナーシップ制度について — 地方行政を中心に — 」『人権を考える』21 号、関西外国語大学、89–107 ページ。

棚村政行（2016）「LGBT の法的保護とパートナーシップ制度」 棚村政行・中川重徳編著『同性パートナーシップ制度』日本加除出版、2–24 ページ。

内藤忍（2017）「性的指向・性自認に関する差別の禁止 — 社会的包摂の観点から — 」『法学セミナー』no.753、56–59 ページ。

中川重徳（2016）「同性パートナーシップ制度の今後の課題」 棚村政行・中川重徳編著『同性パートナーシップ制度』日本加除出版、210–229 ページ。

中曽久雄（2017）「LGBT と憲法 — LGBT に対する権利保障はいかにあるべきか？ — 」 片桐直人・岡田順太・松尾陽編著『別冊 法学セミナー 憲法のこれから』日本評論社、18–25 ページ。

西原博史（2007）「保護の論理と自由の論理」 西原博史編『岩波講座 憲法 2 人権論の新展開』岩波書店、283–309 ページ。

松本和彦（2007）「基本的人権の保障と憲法の役割」 西原博史編『岩波講座 憲法 2 人権論の新展開』岩波書店、23–48 ページ。

横大道聡・岩切大地・大林啓吾・手塚崇聡（2009）「人権教育についての覚書 — 憲法学の立場から — 」『鹿児島大学教育学部教育実践研究紀要』19 巻、1–11 ページ。

我妻榮（1970）『民法研究Ⅷ — 憲法と私法 — 』有斐閣。

Binmore, Kenneth G.［ビンモア］（2011）, *Natural Justice*, Oxford：Oxford University Press.（栗林寛幸訳（2015）『正義のゲーム理論的基礎』NTT 出版）


Web

公益社団法人 Marriage For All Japan「日本のパートナーシップ制度」、https://www.marriageforall.jp/marriage-equality/japan/、2022 年 8 月 1 日アクセス。

# 第2章

## 韓国在住脱北者からみる多文化共生社会の可能性
― 脱北者政策における多文化主義の観点に注目して ―

尹　鉁喜

### は じ め に

　韓国では、1990年代から出稼ぎ労働者、結婚移住者、外国国籍同胞（主に、朝鮮族）などの受け入れにより、在住外国人が年々増加している。2019年の外国人住民数は221万6,612人で、全人口5,177万9,203人の4.3パーセント（％）を占めており、確実に多文化社会へ進んでいると言える（行政安全部 2021）。特に、農村地域における嫁不足問題を解決するために地方自治体が国際結婚を積極的に奨励するなかで、急増する結婚移民女性とその子どもに対する支援政策の必要性が、社会問題として注目されるようになった。2006年に、韓国政府は「多文化・多民族社会への移行」を宣言した後、2008年に「多文化家族支援法」を制定し、本格的に多文化政策に取り組んでいる。

　一方、政治的な理由などによって北朝鮮を離れて韓国に移り住む脱北者は、韓国人と同じ民族であることから入国と同時に韓国国籍を付与されるため、外国人に分類されてはいない。こうした脱北者には、長年にわたる南北断絶で生じた政治・社会・文化の相違を理解し、韓国社会に適応していけるように、独自の支援政策が行われてきた。ただ、従来の脱北者支援政策は、脱北者が遅滞なく韓国社会に適応できるよう、脱北者が身にまとっている北朝鮮色を拭い去り、韓国人としての同質性を身に付けさせるという、いわゆる同化政策

が中心であった。それが近年、韓国が多文化社会へ移行するにつれて、脱北者支援政策には、同化政策よりも多文化主義の観点を取り入れるべきであるという変化が現れている。また、行政サービス分野においても、脱北者家族と多文化家族（主に、結婚移住者で形成される家族）に対する支援内容が類似しているところから、この2つのグループを統合する傾向が存在する。

　本章では、韓国に在住する脱北者への支援政策の内実と多文化主義の観点の取り入れから多文化共生社会への可能性について考えることを目的とする。まず第1節では、韓国に入国する脱北者の特徴と韓国社会における脱北者の位置づけをまとめる。第2節では、韓国在住脱北者に対する支援政策として、定着支援制度、北韓離脱住民定着支援事務所、地域適応センター別にその内容を整理する。そして第3節では、近年、脱北者への支援政策における多文化主義の観点をめぐる議論をまとめた後、行政上における脱北者政策と多文化政策の統合の動きを確認する。さらに第4節では、韓国人と脱北者の相互認識のズレについて、脱北者に対する韓国人の認識と多文化家族に対する脱北者の認識を紹介する。以上の内容を踏まえて、最後に、今後、脱北者政策に多文化主義の観点が導入される可能性について、また、多文化共生社会に向けた展望について考察する。

## 1.　韓国在住脱北者の現状

### （1）　韓国に入国する脱北者の特徴

　統一部によれば、北朝鮮を離れて韓国に入国する脱北者数は、1990年代半ばまで年間100人に満たないほど少数であった。ところが1990年代後半から、北朝鮮での食料難にともない脱北者数が急増し、2000年代から毎年1,000〜2,000人の脱北者が韓国に入国している。2022年6月現在、韓国に在住する脱北者数は合計3万3,834人であり、そのうち女性が2万4,356人で全体の7割を占めている[1]。脱北者の年齢は、20〜40代が全体の75%で最も多い割合を占めているが、家族単位の脱北、すでに韓国に定着した脱北者から北朝鮮に

残した家族成員の呼び寄せが増えることで、65歳以上の高齢者および10歳未満の未成年者の割合も年々増加傾向にある。北朝鮮での職業は、無職（被扶養）が44.9%、労働者が39.6%であるが、無職と回答した多くが、実際は何らかの形で商売を行って生計を立てていたと思われる（統一部）。

脱北者の脱北動機は、近年、多様化が目立つ。1980年代までの「政治的理由」から1990年代の「経済的理由」へと脱北動機に変化が見られたが、2000年代以後は、「家族と一緒に暮らすため」「生活の質を高めるため」「子どもの教育のため」など、その動機が多様化かつ複雑化している（南北ハナ財団 2019）。

### （2） 韓国社会における脱北者の位置づけ

韓国に在住する脱北者は、生まれながらの韓国人とは歴史的・法的・政治的・社会的な位置づけが異なっている。まず歴史的には、韓国人と同じ民族であり、南北分断以前の歴史および植民地時代の経験を分かち合い、言語と文化の一部を共有する同胞として位置づけられる。そのため韓国国民は他国からの移民よりも脱北者に対して親密感を感じやすく、かれらを将来の統一に備えるための手助けになる者として考えている。

また法的には、韓国国籍を持つ国民である。韓国の憲法には、韓国領土が「朝鮮半島およびその付属島」と示されている。一方、脱北者については、後述する法律（「北韓離脱住民の保護および定着支援に関する法律」）に「軍事境界線の北側地域に住所、直系家族、配偶者、職場等を置いている者で、北朝鮮を離れた後、外国国籍を取得していない者」と規定されている。それゆえ、朝鮮半島の軍事境界線の北側に住んでいた脱北者は、韓国に入国すると同時に特別な手続きなく韓国国籍を取得できるのである。

一方、政治的には、朝鮮戦争をひき起こした敵対国の出身者であることから、南北間の長年の政治対立を背景に、偏見と差別の対象となる場合が多い。さらに社会的には、マイノリティ・グループであり、他の移民と同様に韓国社会に適応するためにさまざまな困難を抱えている。このような韓国社会における脱北者の重層的な位置づけは、脱北者のアイデンティティ形成に混乱をもた

らす原因となっている。

　脱北者に対するこのような重層的な位置づけは、韓国の脱北者への支援政策にもよく反映されている。統一部によると、南北分断後、韓国政府は政治的正当性を主張するために脱北者を「帰順勇士」として扱い、国防部から手厚い定着支援金を支給した。1962年に「国家有功者および越南帰順者特別援護法」が制定され、脱北者は国家有功者と同等の優待的地位を付与され、援護対象者としての支援が行われた。さらに1979年には「越南帰順勇士特別補償法」が制定され、脱北者は死線を越えて自由民主主義を選んで来た英雄としてみなされ、体系的な支援が実施された。

　しかし1990年代以降、南北間の体制競争が薄れるなかで、増加する脱北者は英雄ではなく、同胞として人道的に保護する対象へとその性格が変化していた。担当部署も国防部から保健社会部（現在は保健福祉部）に移管され、低所得層を保護する目的で支援政策が行われるようになったのである。1993年には「帰順北韓同胞保護法」により、脱北者を生活能力が欠如した生活保護対象者とみなし、定着金を下向調整するなど支援規模を大幅に縮小した。

　その後、1997年に「北韓離脱住民の保護および定着支援に関する法律」が

表2-1　韓国における脱北者の位置づけと支援政策の変化

| 時期 | 1951 ～ 1962.4 | 1962.4 ～ 1978.12 | 1979.1 ～ 1993.12 | 1993.12 ～ 1996.7 | 1997.7 ～現在 |
|---|---|---|---|---|---|
| 性格 | 安保 | 報勲 | 体制宣伝 | 社会福祉 | 統一への備え |
| 目標 | 体制競争 | 体制競争 | 体制競争 | 低所得層保護 | 南北統合への備え |
| 観点 | 帰順勇士 | 帰順勇士 | 帰順勇士 | 北韓同胞 | 北韓離脱住民 |
| 関連法 | なし | 国家有功者および越南帰順者特別援護法 | 越南帰順勇士特別補償法 | 帰順北韓同胞保護法 | 北韓離脱住民の保護および定着支援に関する法律 |
| 担当部署 | 軍および情報機関 | 援護処（国防部） | 援護処－国家報勲処（国防部） | 保健社会部（保健福祉部） | 統一院（統一部） |

出典：김창근［金チャングン］（2016）

制定され、既存の「帰順」の概念を「北韓離脱」と代替し、脱北者を未来の統一社会への試金石としてみなすようになった。また北韓離脱住民定着支援事務所を設立して、より体系的な支援システムを構築した。2000 年以後は、自助・自活を中心として脱北者の就職支援をサポートする支援策が主流になっている（統一部）。

## 2.　韓国在住脱北者への支援政策

　韓国に入国する脱北者は、国家情報院から保護有無決定のための身元調査を受けた後、社会適応教育施設である北韓離脱住民定着支援事務所で定着準備を行う。その後、各地域での定着をサポートする地域適応センターが指定され、初期の定着支援を受けることになる。本節では、『2021 北韓離脱住民の定着支援実務便覧』に基づいて、脱北者に対する定着支援制度および北韓離脱住民定着支援事務所と地域適応センターについて紹介する。

### （1）　定着支援制度

　2022 年現在、北韓離脱住民定着支援事務所で教育期間を終了した脱北者は、単身世帯基準で、800 万ウォンの定着金を支給される[2]（半分は一括払い、残りの半分は分割払い）。

　また住居支援として賃貸住宅を斡旋され、保証金（日本の敷金）として単身世帯当たり 1,600 万ウォンを支給される[3]（最初の 2 年間は、居住移動ができない）。そして就業支援としては、就職を奨励するために職業訓練期間中は訓練手当てが支給され、就職した場合は雇用主に給与の 50%（50 万ウォン限度）を政府が補助する。教育支援としては、大学進学を希望する場合は特例で大学入学が可能であり、中学校・高等学校・国立大学に進学する場合は授業料全額免除、私立大学に進学する場合は授業料の 50% を政府が補助する。その他に社会福祉として、国民基礎生活保障受給者および医療給与 1 種受給者になり、保護決定時に 50 ～ 60 歳の者は国民年金加入特例を受けることができる。

表2-2　脱北者に対する定着支援の内容

| 項　目 | 内　容 |
|---|---|
| 定着金 | ・単身世帯基準 800 万ウォン<br>・職業奨励金（最大首都圏 1,800 万ウォン、地方 2,100 万ウォン）<br>・高齢、障がい、長期治療、一人親、第三国出生子女養育など要件によって支給 |
| 住居 | ・賃貸斡旋　・単身世帯基準 1,600 万ウォン |
| 就業 | ・訓練期間中手当支給<br>・雇用先に給与の 50%（50 万ウォン限度）を最大 4 年間支援（2014.11.28 以前入国者）<br>・給与からの貯蓄額に対して、政府が同一金額を支援（2014.11.29 以後入国者）<br>・雇用支援センターによる就業相談・斡旋<br>・就業保護（優先購買）、営農定着支援、特別支援など |
| 福祉 | ・国民基礎生活保障受給者<br>・医療給与 1 種受給者として、本人負担なしに医療給付<br>・保護決定時に 50 ～ 60 歳には国民年金加入特例 |
| 教育 | ・進学希望者は特例で大学入学可能<br>・中・高・国立大は授業料免除、私立大は 50%補助 |
| 定着サポーター | ・一世帯に 1 ～ 2 名の定着サポーター指定、初期定着支援 |
| 保護担当官 | ・居住地保護担当官（約 240 人）、就業保護担当官（60 人）、身元保護担当官（約 900 人） |

出典：통일부［統一部］「북한이탈주민정책（北韓離脱住民政策）」

居住地では、一世帯に 1 ～ 2 名の定着サポーター、保護担当官、就業保護担当官、身元保護担当官が指定され、脱北者の初期の定着支援を行っている。

### （2）　北韓離脱住民定着支援事務所

　統一部所属の社会適応教育施設である北韓離脱住民定着支援事務所（以後、ハナ院）は、1999 年に京畿道安城に設立（第 1 ハナ院）されたが、脱北者数の増加にともなって 2012 年に江原道華川に増設（第 2 ハナ院）された。第 1 ハナ院では女性と青少年が、第 2 ハナ院では成人男性が居住している。敷地の中に教育施設、職業教育のための工場が備えられていて、未成年者のための代案学校（フリースクール、オルタナティブスクール）として「ハナドゥル」学

校が運営されている。教育期間は 12 週間であり、正規プログラム（400 時間）として、韓国社会の理解（106 時間）、進路指導および職業探索（204 時間）、初期の定着支援（45 時間）、心身の安定および健康管理（28 時間）、男女平等（ジェンダー）教育などの統合教育（17 時間）が実施される。その他に自立参加型補充プログラム（371 時間）として、言語・英語・運転・パソコンなどのスキルを身につけられるコース、歌教室・工芸教室・映画鑑賞など趣味を楽しむコース、親教育や宗教活動などが実施されている。特にハナ院での宗教活動は、脱北者が地域に定着する際に、コミュニティに溶け込んでいくうえで重要な役割を果たすことになる。

### （3） 地域適応センター

　各地方自治体では、ハナ院で教育を終了した脱北者が最初の居住地に転入する際に地域定着を支援する機関として地域適応センター（以後、ハナセンター）を運営している。統一部は各地方自治体に脱北者定着支援のための予算を配分し、地方自治体はその運営団体を募集し、選定した NGO（非政府機関）をハナセンターに指定してこれを管理する仕組みで、政府と地方自治体と民間が相互協力する形で運営されている。全国 16 道・市 25 カ所に設置され、脱北者の初期の地域への定着を支援している。

　プログラムの内容は、住宅契約・転入手続き・生活用品購入といった初期の生活を教える初期集中教育（8 日、50 時間）、教育および進学に関する支援、進路および就業に関する支援、社会保障制度教育、心理を安定させるための支援、法律相談の支援、地域統合事業、人権教育、家族統合[4] であり、地域への適応を支援するものとなっている。その他、専門相談士、地域医療機関、福祉機関、ボランティアからのサポートが受けられる。

## 3. 脱北者への支援政策と多文化政策

### （1）　同化政策から多文化主義観点の導入へ

　従来の脱北者に対する支援政策は、脱北者は韓国人と同じ民族であり、国家統合に向けて特別な役割を果たす存在という考え方から、民族的同質性を回復する方向で組まれていた。脱北者に関する研究においても社会統合に注目し、彼ら彼女らがどのように韓国社会に同化できるかに焦点を当てたものがほとんどであった（Choi & Park 2011）。脱北者には法的に「韓国国民」であるだけでなく、社会的、文化的に「韓国市民」になるために韓国人の文化装置を受容することが望ましいと考えられた。それゆえ、韓国人らしい服装・言葉・身振り・生活スタイル・思想を積極的に身につけることが求められ、その度合いが韓国社会での適応を判断する基準となっていたのである（Lee 2011）。

　ところが脱北者家族のなかで第三国の滞在期間が長い子どもの場合、多文化家族の子どもが抱えている問題と類似点が多いにもかかわらず、「同じ民族は同文化を保持すべき」という考え方に基づいて韓国人としての振る舞いを強要されることで、学校での適応に苦しむ場合も少なくない（Park 2020）。このように、脱北者の多様なアイデンティティや文化的特性を無視する同化政策によって、韓国社会で居づらさを感じる者の中には、第三国に向けて脱南したり、ときには北朝鮮に戻るケースも発生している。

　こうしたこともあって、韓国社会で結婚移民者からなる多文化家族への関心が高まるなかで、韓国と脱北者の民族的同一性にこだわるよりも相互の違いを認め、韓国社会が脱北者の多様なアイデンティティを受け入れられるように、脱北者支援政策にも多文化主義の観点が導入されるべきであるという主張が脱北者研究にも現れるようになった（金チャングン 2016；金ヒョンジョン・朴ソンファ 2016）。つまり、脱北者は、韓国人と異なるアイデンティティと文化を保持するマイノリティであり、不利益や差別の対象者であることを認めることで、脱北者が抱えている問題をより明確に浮き彫りにすることができ、韓国人にとっても脱北者の文化的相違を受け入れやすくなるという考え方

が見られるようになったのである（Yoon 2010; 2014）。これらの研究では、韓国社会における多文化主義の観点を分析するというよりも、韓国人と脱北者がどのように共生するかに対する代案として多文化主義というキーワードが用いられる傾向があり、ここで多文化主義は、南北が統一されたときの共存を考えた民族主義の異なる形とも解釈できる（柳イヒョン・李ドッロ 2021）。

## （2） 脱北者政策と多文化政策の統合の動き

　脱北者、そして結婚移住者が中心である多文化家族は、韓国政府の政策支援を受けている代表的な集団であるが、今まで2つのグループが比較対象として研究されることはほとんどなかった。先述のように、脱北者は韓国国民であり、結婚移住者は他国から韓国に新しく移住した構成員であるため、法的にも明確に区別されている。また統一部は、脱北者は「民族共同体の一員であり、憲法が規定した韓国国民である」ため、「結婚移住者や帰化者などの多文化家族とは根本的に区分されている」と明示している。つまり脱北者が「異なる文化と体制の下で生活していた点」においては多文化的特徴を一部保持しているが、「南北統合」という観点、「統一国家の建設を先導する役割を担っている」という観点から本質的に多文化家族とは異なることを説明しているのである。

　ところが近年は、脱北者と多文化家族を同一の行政サービスの対象として扱うことが増えている。たとえば、保健福祉部と教育部、女性家族部の貧困層に対する支援政策の場合、多文化家族の下位概念として脱北者家族が含まれることがある。また、統一部が主催している（軍事境界線南側の）非武装地帯（DMZ）訪問や戦争記念館の参観、青少年統一教育プログラムにおいて、脱北者青年と多文化家族出身の子どもを同じ対象として扱うことがしばしばある。脱北者と結婚移住者が、法的な位置づけとは関係なく、行政的には便宜上、同一範囲に属する集団として扱われていることがわかる（柳イヒョン・李ドッロ 2021）。実際の教育現場においても、脱北者の子どもと多文化家族の子どもの特徴および直面している困難さの類似性から、脱北者の子どもに対するより柔軟な多文化主義の観点が必要であることが報告されており、ハナセンターと多文化家族支援センターにおいても業務内容の重複性から業務上での統合の必要

性が問題として指摘されている（Park 2020）。

## 4. 韓国人と脱北者の相互認識のズレ

### （1）脱北者に対する韓国人の認識

　多文化社会に進む韓国社会の変化を実感している韓国人は、脱北者に対してどのような認識を持っているだろうか。多文化主義の観点から脱北者を考える際、韓国社会が脱北者に抱く感情の複雑さが浮き彫りになる。

　北韓人権情報センター（2014）によると、まず「脱北者をどのように認識しているか」について、「北朝鮮人」と考える割合が48.2%、「北朝鮮出身の韓国人」が33.3%、「韓国人」が13.7%であり、韓国人は脱北者を韓国人として考えるより北朝鮮人として認識する傾向が強い。また、脱北者に親密感を抱いている韓国人の割合は19.6%であり、結婚移住者（18.5%）や外国国籍の在外同胞（18.2%）に対するその割合とほとんど変わらない。

　一方、「北朝鮮政権は敵であるが、北朝鮮住民は同胞として助けるべき」と

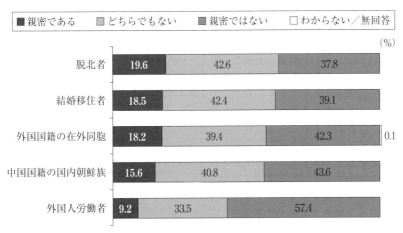

図2-1　移民に対する韓国人の親密度
出典：북한인권정보센터［北韓人権情報センター］（2014）

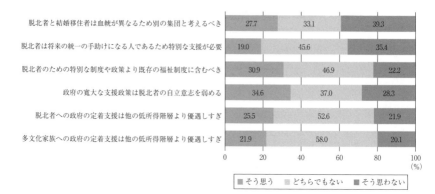

図2-2 脱北者への支援政策に対する韓国人の認識
出典：북한인권정보센터［北韓人権情報センター］(2014)

いう問いに対して「そうである」と回答する割合は41.2％で、北朝鮮出身者に
対する同胞感情は依然として残っているものの、脱北者の受け入れについて
は、「韓国入国を希望する脱北者をすべて受け入れるべき」が25.8％、「選択的
に受け入れるべき」が59.4％、「もう受け入れるべきではない」が14.8％であ
り、脱北者を無条件に受け入れることには否定的な意見が多いことが見受けら
れる（ソウル大学校統一平和研究院 2021）。

　さらに、脱北者への支援政策に対する韓国人の認識には、脱北者に対する
心理的距離感がより顕著に現れる。「脱北者と結婚移住者は、血統が異なるた
め別の集団と考えるべき」に対して、「そう思わない」（39.3％）が「そう思う」
（27.7％）より多く、「脱北者は将来の統一の手助けになる人であるため特別な
支援が必要」に対しても「そう思わない」（35.4％）が「そう思う」（19.0％）
より高い割合を占めている（北韓人権情報センター 2014）。

　このように脱北者に対する韓国人の認識には、民族的同一性意識が残って
いながらも、他の移民グループと区別して脱北者を特別に考える傾向は年々薄
れていることが考えられる。

## （2）　多文化家族に対する脱北者の認識

　一方、脱北者の側では、脱北者が多文化家族と同一グループとして位置づけられることに非常に敏感に反応している。その一例として2010年から2014年にMBC放送局で放映された「多文化、希望プロジェクト：私たちは韓国人」というプログラムに脱北者家族が紹介されたことに、脱北者側からの強い批判が存在したことが挙げられる。批判の内容は、脱北者が韓国人と同じ歴史・文化・言語を共有する同じ民族であり、他の移民グループとは区別される位置づけにあるにもかかわらず、脱北者と多文化家族を統合することで、脱北者の同じ民族としての権利を侵害されているとのことである（柳イヒョン・李ドッロ　2021）。

　韓国社会の多文化化と脱北者を多文化主義の観点から認識することに対して当事者である脱北者（大学生）からの考えをまとめた Kim & Yoon（2015）の研究では、以下の内容が挙げられている。まず、多文化主義と韓国社会の多文化化は脱北者にとっても肯定的に考えられている一方、自らを多文化主義の対象として考えることに抵抗感を表していた。その理由として、韓国人と脱北者が同じ民族であり他のグループとは区別される対象であること、そして韓国社会で差別の対象になっている多文化家族に含まれることへの違和感が挙げられていた。また脱北者に対する独自の支援政策が多文化政策に吸収されることで、脱北者への支援の規模が縮小されることへの懸念も含まれていたのである。さらには、脱北者グループと他の移民グループ間の交流不足による相互認識の不足が考えられる。

　しかし脱北者が多文化主義の観点から認識されることで、北朝鮮人としてのアイデンティティを肯定的に受け入れられるようになるという見解も存在する。2000年以降、脱北者数の増加にともなって一つのエスニック集団としてコミュニティを形成することが可能になり、北朝鮮人としての自己主張も可能になったという脱北者の下記のインタビュー内容は、示唆することが大きい。

　　昔は、北朝鮮人だからといって、世間が認めてくれたり、理解してくれたりするような社会ではなかったですよ。北朝鮮の人はとにかく韓国人のように生きな

ければならなかったです。だけど、今は北朝鮮の人は北朝鮮の人として生きれば
いいです。ここ（＝韓国）でも一つの北朝鮮人の社会が形成されました。メディ
アにも出る機会が多くなって、人数も増えてきて、組織として社会的地位が得ら
れると、この人（＝脱北者）たちがここ（＝韓国）で韓国人と同じように生きな
くてもよくなったんですよ。今は韓国人のコミュニティに入らなくても一緒に暮
らす人たちがいるので、堂々と、萎縮しなくて大丈夫です（38歳、男性）[5]。（※
（　）内は筆者による）


## お わ り に

　1990年代以降、海外からさまざまな集団が韓国に入国するようになって、
韓国は確実に多文化社会へ進んでいる。また、1990年代後半から増加し続け
てきた脱北者は、新しいマイノリティグループを形成している。従来の韓国
の脱北者支援政策では、脱北者が韓国人と歴史と言語を共有する同じ民族であ
り、南北の統一で役割を担う人であることを強調し、政治的・社会的・文化的
な異質性を持つ複雑な集団であることには目をつぶっていたといえよう。同化
政策に基づくこのような脱北者支援政策への反省および韓国社会における脱北
者に対する差別意識を克服するための方法として多文化主義の観点を取り入れ
ようとする考え方については、韓国人と脱北者の間に認識のズレが存在するこ
とが確認された。

　今後の脱北者政策における多文化主義の観点は、受け入れ側の韓国人と当
事者である脱北者の相互理解に基づいて慎重に進められるべきである。そのた
めには、脱北者が同じ民族としてのアイデンティティを持っていることが社
会適応とみなす従来の考え方より、社会統合の観点から市民としてのアイデン
ティティ（citizenship）を身につける方向で政策に取り組む必要がある。さ
らに、政策として韓国人、脱北者、他の移民グループが相互理解および相互の
関係性を深めるための教育プログラムを取り入れることが望ましいと考えられ
る。

注

1)　1990 年代までは男性脱北者が主流であったが、2000 年代以降、女性脱北者の割合が増えたことについて、①北朝鮮内での女性の移動の容易さ、②中国の農村地域の嫁不足による北朝鮮女性の売買婚の需要、③中国の出稼ぎ労働市場における女性の需要の高さなどが原因として挙げられる。女性脱北者の増加は、再生産労働の需要による移住の女性化（the feminization of migration）現象としても考えられる。

2)　2 人世帯は 1,400 万ウォン、3 人世帯は 1,900 万ウォン、4 人世帯は 2,400 万ウォン、5 人世帯は 2,900 万ウォン、6 人世帯は 3,400 万ウォン、7 人世帯以上は 3,900 万ウォンを支給される。

3)　2 ～ 4 人世帯は 2,000 万ウォン、5 人以上世帯は 2,300 万ウォンを支給される。なお、保証金を支払った後の残額は、居住地保護期間が終了する 5 年後に支給される。

4)　教育内容は、社会構成員として守るべき価値および共同生活の規範として男女平等（ジェンダー）教育、性暴力・家庭内暴力・セクシャルハラスメントなどの予防教育である。

5)　2019 年 3 月 11 日に筆者が行ったインタビュー内容から抜粋。

引用・参考文献

Choi, D. S. & Y. J. Park（2011）"Research Trend and Tasks of Policy Research on North Korean Defectors," *Korean Journal of International Relations*, 51（1）, 187-215.

Kim, Y. S. & I. J. Yoon（2015）"Multiculturalism Is Good, But We Are Not Multicultural: North Korean Defector Students' Perceptions of Multiculturalism," *The Korea Educational Review*, 21（2）, 325-350.

Lee, S. J.（2011）"Education for Young North Korean Migrants: South Koreans' Ambivalent "Others" and the Challenges of Belonging," *The Review of Korean Studies*, 14（1）, 89-112.

Park, Y. A.（2020）"North Korean Migrants in South Korea: 'Multicultural' or 'Global' Citizens?," *Korean Studies*, 44, 123-148.

Yoon, I. J.（2010）"Multicultural Minority Groups and Multicultural Coexistence in Korean Society," *Korea Observer*, 41（4）, 517-557.

Yoon, I. J.（2014）"From a Migrant Integration of Distinction to a Multiculturalism of Inclusion," G. Battistella（ed.）, *Global and Asian Perspectives on International Migration*, Switzerland: Springer International Publishing, 101-117.

행정안전부［行政安全部］（2021）『2020 지방자치단체외국인주민현황（2020 地方自治団体外国人住民現況』행정안전부（行政安全部）。

북한인권정보센터［北韓人権情報センター］（2014）『북한이탈주민에 대한 국민인식 및 차별 실태조사（北韓離脱住民に対する国民認識および差別実態調査)』북한인권위원회（北韓人

権委員会)。

김창근［金チャングン］(2016)「다문화시대 북한이탈주민정책의 개선 방향 (多文化時代における北韓離脱住民政策の改善方向)」『윤리연구 (倫理研究)』第109号、197-233ページ。

김현정・박선화［金ヒョンジョン・朴ソンファ］(2016)「다문화정책 관점에서 본 북한이탈주민 문제 (多文化政策の観点から見た北韓離脱住民問題)」『통일인문학 (統一人文学)』第66集、161-196ページ。

남북하나재단［南北ハナ財団］(2019)『북한이탈주민실태조사 (北韓離脱住民の実態調査)』남북하나재단 (南北ハナ財団)。

류이현・이덕로［柳イヒョン・李ドッロ］(2021)「탈북자와 다문화가족 정책담론 비교 연구 —— WPR (What's the Problem Represented to be) 접근을 기반으로 (脱北者と多文化家族に関する政策談論比較研究 —— WPR (What's the Problem Represented to be) アプローチを基盤として)」『현대사회와 다문화 (現代社会と多文化)』第11巻4号、131-164ページ。

서울대학교통일평화연구원［ソウル大学校統一平和研究院］(2021)『2020 년서울대학교통일평화연구원통일의식조사 (2020年ソウル大学校統一平和研究院統一意識調査)』서울대학교통일평화연구원 (ソウル大学校統一平和研究院)。

통일부정착지원과［統一部定着支援課］(2021)『2021 북한이탈주민정착지원실무편람 (2021 北韓離脱住民の定着支援実務便覧)』통일부정착지원과 (統一部定着支援課)。

**Web サイト**

통일부［統一部］「북한이탈주민정책 (北韓離脱住民政策)」、http://www.unikorea.go.kr、2022年9月25日アクセス。

**謝辞**

　本研究は、日本学術振興会科学研究費助成事業（学術研究助成基金助成金）基盤研究（C）「適応支援とアイデンティティ・ポリティクスにおける脱北者の社会的構成の探究」の成果の一部です。

## コラム 1 ジェンダーのアンコンシャス・バイアスの実態と教育の課題

　2021 年、内閣府男女共同参画局は「令和 3 年度　性別による無意識の思い込み（アンコンシャス・バイアス）に関する調査結果」を公表した。この調査では、全国の 20 代から 60 代までの男女 1 万 330 人に、家庭・コミュニティに関する領域や職場領域等の各シーンにおいて、性別役割に対する考えや、性別に基づく役割や思い込みを決めつけられた経験について尋ねている。

　「アンコンシャス・バイアス」とは、「無意識の思い込み」のことを指す。それは、育つ環境や所属する集団の中で知らず知らずのうちに刻み込まれ、既成概念や固定概念となる（男女共同参画学協会連絡会 2019）。この中には、「女子はきめ細やかな作業が得意」「男子はリーダーシップを発揮すべき」等、ジェンダーに関するものが多々あり、日常生活のあらゆる場面で確認できる。

　無意識の思い込みや固定概念は、これまでに経験したことや見聞きしたことに照らし合わせて培われていくものであり、誰にもあるが、大きな問題もある。それは、アンコンシャス・バイアスをさまざまな判断や評価の過程で押しつけ、他者や自身を決めつけたりすることによって、私たち一人ひとりの生き方の幅や選択の可能性が制限され、狭められてしまう可能性があることである。

　日本社会には、男女平等の取り組みが十分に進展していない実態があるが、大きな要因の一つに、この性別に関するアンコンシャス・バイアスの存在が挙げられる。2020 年策定の国の「第 5 次男女共同参画基本計画」においても、固定的な性別役割分担意識や性差に関する偏見の解消、固定概念の打破とともに、アンコンシャス・バイアスによる悪影響が生じないように、意識改革と理解の促進が課題となっている。

　では、先の「アンコンシャス・バイアス」の調査では、性別役割の考え方や、性別に基づく役割や思い込みを決めつけられた経験として、日本社会のどのような実態が明らかになったのだろうか。

　性別役割に対する考え方については、「そう思う」「どちらかといえばそう思う」を合わせた回答の上位 10 項目のうち、7 項目が男女で共通していた。たとえば、「女性には女性らしい感性があるものだ」は男女ともに 1 位であり（女性 47.7 パーセント（%）、男性 51.6%）、「男性は仕事をして家計を支えるべきだ」は男女ともに 2 位であった（女性 47.1%、男性 50.3%）。その他、「女性は感情的になりやすい」（女性 36.6%で 3 位、男性 35.6%で 4 位）、「育児期間中の女性は重要な仕事を担当すべきでない」（女性 30.7%で 4 位、男性

31.8％で５位）等が共通して上位に入っている。なお、性別役割に対する10位までのほとんどの項目で、男性の方が高い割合を示していた。

　性別に基づく役割や思い込みを決めつけられた経験についてはどうだろうか。調査では、「直接言われた経験」をしている男女が１～２割前後であり、間接的に「言動や態度から感じた経験」はそれよりも高い割合（男女とも１～３割）であった。また、性別に基づく役割や思い込みを決めつけられた経験は、全般的に女性の方が高い傾向があった。

　なお、「直接言われた経験」で上位に入っているのは、「女性は感情的になりやすい」「女性には女性らしい感性があるものだ」「女性は論理的に考えられない」「男性は人前で泣くべきではない」等である。さらに、女性については、「親戚や地域の会合で食事の準備や配膳をするのは女性の役割だ」「家事・育児は女性がするべきだ」「受付、接客・応対（お茶だし等）は女性の仕事だ」「職場での上司・同僚へのお茶くみは女性がする方が良い」の４つが、直接的にも間接的にも経験が多い結果となっている。

　「お茶くみ」自体、すでに過去の遺物だと思っていたが、まだまだそうではないらしいことには驚きを禁じえない。とにかく、アンコンシャス・バイアスによる決めつけが感情面や社会的役割等の広範に及んでおり、女性の方が直接にも間接にも、そうした経験をしていることがわかる。

　こうした日々の経験が、私たちの自己形成にどのような効果を及ぼすことになるのだろうか。性別のあり方によって生き方や能力を制限するのではなく、子どもたちや私たちが豊かに生きていくためにも、あらゆる領域におけるジェンダーを捉え直すことが求められる。これは、教育分野も例外ではない。

　こう書くと、「『学校教育』はすでに男女平等だ」と言う人もいるかもしれない。学校教育のジェンダー問題は、まさにここにある。つまり、学校はすでに男女平等だと思い込まれているために、ジェンダー・バイアスが学校教育に潜んでいる現実は気づかれにくいのである。

　知らず知らずのうちに伝達され学ばれるもののことを「隠れたカリキュラム」というが、学校の中にはジェンダーの隠れたカリキュラムが潜んでいる。その範囲は広く、学校や教室の環境や教師と子どもの関係性、子ども同士の関係性、教師同士の関係性等、あらゆる場面に見られる。同じ言動でも、その人の性別によって評価が異なっていたり、「女子（女性）」「男子（男性）」とカテゴリーで相手を捉えて、得意・不得意や特性、進路を無意識に決めつけてしまったりなど、性別を女性と男性の２つのみで捉えるシステムを

前提に、教育場面にはジェンダーの隠れたカリキュラムが作用している。

　教育は自分をつくり、また、自分がつくられる日常の営みである。こうした営みは、社会関係の網の目の中で生きる私たちすべてに関わることであり、誰一人として第三者ではいられない。つまり、ジェンダーと教育の問題は、すべての人にとって「自分事」である。

Web サイト

男女共同参画学協会連絡会（2019）『無意識のバイアス ― Unconscious Bias ― を知っていますか』https://www.djrenrakukai.org/doc_pdf/2019/UnconsciousBias_leaflet.pdf、アクセス 2022 年 10 月 31 日。

内閣府男女共同参画局（2021）「令和 3 年度　性別による無意識の思い込み（アンコンシャス・バイアス）に関する調査研究　調査結果」https://www.gender.go.jp/research/kenkyu/pdf/seibetsu_r03/02.pdf、2022 年 10 月 31 日アクセス。

（木村　育恵）

## コラム2 「自分ごと」思考を問い直す

「自分ごととしてなかなか捉えられません」

「自分ごととして考えることが、やはり大事なのだと思う」

　授業後に学生に記述してもらうコメントシートで「自分ごととして」というフレーズを目にすることが増えたように思う。「自分ごと」ということばは学生に限らず、教育現場やメディアなどにおいてさまざまな文脈で頻繁に用いられているが、このことばにふれるたびに、どこかモヤモヤとした気持ちを抱えてきた。そもそも「自分ごと」とはいったい何ごとか。

　『デジタル大辞泉』では、「自分に関係のあること。我が事」と説明され、補説として「近年、『他人事（たにんごと）』に対してできた語か」と記載されているが、現在と同じような意味で「自分事」という語は戦前から使用されてきたという（塩田 2022）。

　学生が書くところの「自分ごととして」ということばに、どうにもひっかかってしまう理由は大きく分けて2つある。一つは、対象となる事象が「自分事」であることを認識するということなのか、それとも、実際は「他人事」だけれども「自分事」かのように考えることなのか、どちらを指しているのかが往々にして曖昧なことである。もう一つは、いずれの意味であろうと物事を解釈する際に、あくまで揺るぎない絶対的な「自分」という中心が起点として設定されているということである。

　「自分ごととして考える」ことが善いこととして称賛されることは裏返せば、人は「他人事」には関心をもちえない、という前提が存在する。そうであるからこそ、社会的に関心をもつべきと考えられる事象に関して、自分とのつながりを見いだそうとするし、どうしてもつながりを見いだせない場合には、「もし自分が当事者ならば」という仮定が必要となるわけである。ただし、自分とのつながりを発見したとしてもそれが遠すぎたり、あるいは当事者の状況を想像することに限界を感じたりするほどに、共感や関心は喚起されず、「他人事」として切り捨てていく。

　「自分ごと」思考の問題とは、ものごとを「自分事」と「他人事」に明確に切り分けてしまうことにあるように思われる。「自分ごと」ということばを導入することによって、自己と他者の境界が絶対的なものとして立ち現れ分断されてしまう。しかしながら、そもそも「自分事」と「他人事」に切り分けて考える前に、ものごとに関心を向けることはできないのだろうか。

　「自分ごと」と似たような言い回しで近頃よく見かけるものとして「自分らし

さ」という表現がある。人類学者の磯野真穂は、「自分らしさ」ということばは、他者に流されないことに重きを置いている一方で、その意味とは裏腹に「自分らしい」ことを認める他者を必要とするパラドクスを含むという興味深い指摘をしている。このパラドクスが生じるのは個人主義的な人間観を前提とするからであり、関係論的な人間観で捉えられるべきであるという。磯野が言うところの関係論的な人間観とは、大雑把にいえば確立された個人と個人の間に関係性が結ばれると考えるのではなく、個人よりも関係性が先んじてあると考え、互いに関わり合うことによって個人が立ち現れていくとみる見方である。この見方にたつと、「自分らしさ」とはすでにある個人の特徴を発見することなのではなく、他者と関わり合い、関係性が組み替えられていくことで「自己」が発見されるプロセスとして捉えることができる。

　「自分ごと」思考にも同様のことがいえるのではないだろうか。すなわち、相互に自立した個人主義的な人間観に基づいたとき、「自分事」と「他人事」の二項対立的思考に陥り、ときに行き詰まりを見せる。一方で、関係論的な人間観を想定すると、「自分事」「他人事」と分けていくことなく、他者との関わり合いのなかで世界を捉える視点がひらかれるのである。

**引用・参考文献**

磯野真穂（2022）『他者と生きる ― リスク・病い・死をめぐる人類学』集英社新書。

塩田雄大（2022）「"この報告は、多くの方々が読んでいただきたいです" ― 2021年『日本語のゆれに関する調査から』(1)」『放送研究と調査』2022年1月号、56-77ページ。

（有井　晴香）

第2部

教育に資する国際地域研究

# 第**3**章

# 函館校の日本語教員養成の振り返りと今後の展望
## ―15年の節目に―

伊藤（横山）美紀

## はじめに

　北海道教育大学函館校は、2006年に日本語教員養成プログラムを創設した。2011年ごろからは、国際地域学科の設置にともない、日本語教員養成プログラムの対象や目的の再検討を行った。日本語教員養成プログラムを履修した学生の多くは民間企業や自治体に就職しているが、国内外で日本語を教えている卒業生もいる。

　函館校の日本語教員養成プログラムは、2021年に15年目を迎えた。この15年間で、日本語教員養成を取り巻く社会状況はさまざまな点で変化した。本章では、函館校の日本語教員養成プログラムの変遷を、関連する社会状況にふれながら概観する。その際、国際地域学科の設置にともない、函館校の日本語教員養成プログラムが掲げたプログラムの特色に着目する。最後に、卒業生の声を紹介しながら、函館校の日本語教員養成を振り返り、今後の可能性を展望する。

## 1.　函館校の日本語教員養成プログラムの変遷

　北海道教育大学函館校は、2006年に日本語教員養成プログラムを創設した。図3-1に函館校の日本語教員養成プログラムの変遷を示す。5年ごとに、「創成期」「充実・発展期」「転換・模索期」と区切る。

　函館校の日本語教員養成プログラムは、「日本語教育のための教員養成について」（日本語教員の養成に関する調査研究協力者会議　2000）の教育内容に準拠し、国際地域学科の前身である人間地域科学課程内に2006年に設置された。本章では、このはじめの5年間を「創成期」と呼ぶ。創成期には、日本語・日本文化専攻に所属する学生を主な履修対象としていたが、希望する人間地域科学課程の学生は誰でも履修可能としていた。創成期における日本語教員養成を主な担当業務とする専任教員は筆者1名であった。多くの関連領域の学内外教員や非常勤講師の協力を得つつも、日本語教員養成プログラム全体をとおして履修人数が多く、日本語教育実習の段階においても受け入れ可能人数を超えてしまう問題が生じはじめる。この時期は「日本語教育概論」等の初年次の履修可能科目では、日本語教員養成プログラムの履修を検討している学生の履修が45名から75名程度で推移し、プログラムの終盤の実習科目においても20名から30名程度が履修を希望していた[1]。

　函館校の日本語教員養成プログラム開設6年目からの5年間を「充実・発展期」とする。この時期に、国際地域学科の開設に向けたカリキュラムの検討が行われた。2014年の国際地域学科の開設以後は、日本語教員養成プログラムの履修対象者を国際協働グループに所属する学生とし、海外でも活躍できる日本語教師の養成にさらに力を入れた。国際地域学科の設置にともない、函

図3-1　函館校の日本語教員養成プログラムの変遷

館校の日本語教員養成プログラムが掲げた特色には、①日本語教育実習の一つの選択肢としての海外での実習の科目化、②日本語教育のための文法科目の新設、そして、③早期からの模擬授業の実施と充実、の3点が挙げられる。これらの3点については、次節で述べる。

　国際地域学科では、筆者の他に、交換留学生を対象とした日本語・日本文化コースのコーディネート業務に従事可能な日本語教育を専門とする専任教員1名と、日本語教育文法が担当可能な日本語学を専門とする専任教員1名が増員され、日本語教員養成に関する専門科目の内容を充実させることができた。社会情勢としては、この時期の1年目にあたる2011年に東日本大震災が起こり、外国人支援の方法の一つとして、「やさしい日本語」の活用が再び注目されるようになる[2]。

　函館校の日本語教員養成プログラムの11年目から2022年時点までを「転換・模索期」と呼ぶ。この時期には超党派の議員で構成された「日本語教育推進議員連盟」も発足し、マスメディアで日本語教育に関する話題が取り上げられる機会が増える。2019年には「日本語教育人材の養成・研修の在り方について（報告）改訂版」（文化審議会国語分科会　2019）が発表される。この報告書（改訂版）は、「日本語教師の公的な資格創設を視野に入れて検討されたもの」（神吉　2022：6）であった。

　さらにこの報告書（改訂版）で言及されている日本語教師の役割について、神吉（2022）は次のように述べている。

　　　教室で日本語を教えるといういわゆる「教師」の概念を拡張し、生活者に対して地域の日本語教室で学習支援を行う市民や、地域の日本語教室を運営するコーディネーターの仕事等も「日本語教育人材」という呼称で、日本語教師の専門性の議論に含む。（神吉2022：6）

以後、官公庁の文書や学術論文では、これまで無償あるいはボランティアという印象が残る「支援者」や「日本語ボランティア」と呼ばれていた人材に対しても、「日本語教育人材」という名称がしばしば用いられるようになってくる。

　2019 年には「日本語教育の推進に関する法律」が公布、施行される。この法律は理念法であるが、この法律の公布・施行により、国内における日本語教育環境の整備が進む。地域日本語教室の空白地帯解消のための予算措置が始まり、それにともなったオンラインの日本語学習サイトが構築されるようになった。日本語教師の資格化に関する会議が設置され、そのままいけば、数年で日本語教員養成の新しい枠組みが可視化されることが予想された。この時期を「転換期」と呼んだ理由はここにある。しかし、法律の公布・施行後 1 年を待たずに、新型コロナウイルスが流行する。オンライン日本語学習サイトの構築は進み、コロナ禍でも活用が促進されるが [3]、日本語教師の資格については2022 年現在も検討されているところである。

　2020 年度からは、新型コロナウイルスの流行により、国内の日本語学校や大学の授業でもハイブリッド型授業やオンライン授業が必要とされるようになる。2020 年度のオンライン授業は、1980 年代より北米を中心にすでに実施されてきた「入念にデザインされたオンライン授業」と区別するために「応急措置のリモート授業 [4]（Emergency Remote Teaching [5]）」と呼ばれることがあったが、コロナ禍の長期化により、この緊急時の教え方も、一つの教え方であり、パンデミックペダゴジー（Pandemic Pedagogy）とも呼ばれるようになる（Barbour et al. 2020；當作　2021 等）。函館校の日本語教員養成プログラム開設から 15 年目を過ぎた 2022 年時点においてもまだその渦中にあるため、「転換期」ではなく、「転換・模索期」と呼ぶ。


## 2. 国際地域学科における日本語教員養成プログラムの特色

　本節では、国際地域学科において日本語教員養成プログラムが掲げた 3 つの特色を述べる。1 つ目は、日本語教育実習の一つの選択肢としての海外での実習の実施である。2 つ目は、日本語教育のために特化した日本語教育文法科目の新設である。そして、3 つ目に、学部 2 年次前期という早期からの模擬授業活動を充実させたことを挙げる。

　1つ目の、海外での日本語教育実習の実施については、すでに2011年度から国際交流基金の「海外日本語教育実習生（インターン）派遣」に参加し、アメリカとカナダにインターンを派遣してきた。この派遣事業の終了後は、国際交流基金アジアセンターによる「日本語パートナーズ」事業に参加している。

　国際地域学科の前身の人間地域科学課程では、「日本語教育実習Ⅰ」または「日本語教育実習Ⅱ」の一部として海外での日本語教育実習を実施してきたが、国際地域学科では新たに「海外日本語教育インターンシップ」という科目を新設した。この科目は「日本語教育実習Ⅰ」および「日本語教育実習Ⅱ」とならぶ選択必修科目とした。また、国際地域学科の「海外体験型授業[6]」の一つとしても位置づけた。

　次に、2つ目の文法科目の新設について述べる。従前から開講していた「日本語学概論」に加えて、国際地域学科では、日本語教育のための日本語学および日本語文法に関する基礎的知識の習得を目的とした「日本語教育文法Ⅰ」および「日本語教育文法Ⅱ」を新設した。これにより、「日本語教育法Ⅰ」や「日本語教育法Ⅱ」等の教授法関連科目では模擬授業を中心とした活動にさらに重点を置いた授業展開が可能となった。

　最後に、3つ目の早期からの模擬授業の実施について述べる。函館校の日本語教員養成プログラムでは、履修学生同士が日本語教師役や日本語学習者役をして模擬授業を行う演習を、学部2年次から履修可能な教授法科目において、創成期から導入してきた。本校は教員養成系大学ではあるものの、学部2年次の前期では模擬授業の経験をしたことがない学生がほとんどであり、創成期においてはとまどう学生が多かったが、国際地域学科では、文法についての内容を主に日本語学概論や日本語教育文法科目で扱うことにより、模擬授業の前作業的な活動を以前よりも時間をかけて行えるようになった。2022年現在、模擬授業を実施している科目は、「日本語教育実習」や「海外日本語教育インターンシップ」を履修する前に履修が必須である科目の一つとして定着しつつある。

　模擬授業を行う際は、学生には、自分で調べたり、学生同士で話し合ったりしながら「試行錯誤」をすることを奨励してきた。たとえば、2年次前期以

降での履修が可能で、互いに教師役と学習者役をしながら模擬授業を初めて体験する「日本語教育法I」のシラバスでは、到達目標の一つに、「一定の条件下で初級日本語が教えられるようになる」ことを記載している。「一定の条件下」と条件をつけているのは、実際はさまざまな環境が考えられるため、この授業での体験は一例であり、正しい教え方や解が必ずしも1つではないことを示している。

2020年度以降のコロナ禍における遠隔授業でも、Zoomのブレイクアウトルーム機能等を活用し、必要に応じてオンライン空間を活用しながら模擬授業を継続している。

## 3. 15年の節目にプログラムを振り返って

本節では、函館校の日本語教員養成プログラムの15年間の成果を述べる。また、日本語教員養成プログラムを修了した卒業生からの声を取り上げながら、個別の事例を振り返り、今後の課題と展望を述べる。

### （1）成　果

函館校の日本語教員養成プログラムを履修した学生の多くは民間企業や地方自治体に就職したが、国内の日本語学校の他、オーストラリア、インドネシア、シンガポール、ベトナム、マレーシア等、海外で日本語を教えている卒業生もいる。また、若干名は、国内外の大学院に進学した。卒業後に、国際交流基金等による海外派遣事業に参加する卒業生もいた。国内の日本語教育の担い手は48%がボランティアであるという現状があるなか（文化庁国語課2021：7、図3-2）、かつ、在籍留学生数が決して多くはない地方の国立大学において、日本語教育人材を輩出することができたことは、成果といえるだろう。

国際地域学科の設置と連動した充実・発展期においては、日本語教員養成プログラムの専門科目を充実させることで、学生が以前よりもじっくりと日本語学および日本語教育学と向き合う時間を確保できるカリキュラム編成になっ

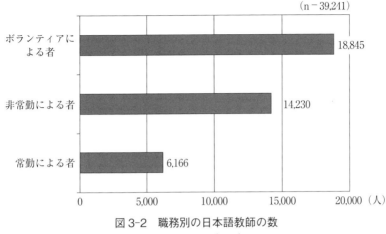

図 3-2　職務別の日本語教師の数
出典：文化庁（2021）

た。日本語教育文法については、外国語教授法や模擬授業を実施する科目から独立した科目で学ぶカリキュラム構成により、日本語教育のための文法を学ぶことと、それを学習者に教えることは同義ではないというメッセージを学生に伝えやすくなった。また、履修学生数が落ち着き、個別の学生へのフィードバックがしやすくなった。このような、早期からの専門性と現場性の高い授業での学びが土台となり、3年次以降の日本語教育実習や海外での実習を充実させることができた。

　コロナ禍では海外への渡航が難しくなり、2022年時点でも「海外日本語教育インターンシップ」はオンラインでの実施となっている。今後も渡航する際のコストが従前よりも高くなる見込みである。よって、オンライン空間を活用した海外日本語教育インターンシップの継続実施の可能性を含めて、この科目のあり方自体の再検討が必要となる可能性が高いが、いくつか、これまでの成果と言えそうなエピソードを次に述べる。

　北米での日本語教育インターンシップを終えて帰国した学生が函館地域の小学校で北米からの児童の日本語支援を行った際には、支援の態度とパフォーマンスに一定の安定感があり、当該小学校の先生方からも高評価をいただいた。当該小学校の校長先生からは、すでに北米圏で「生活」し、「日本語を教

えた」経験がある学生が学校に入ってくれることは今後も歓迎したいとのコメントをいただき、プログラムを履修した学生自身への励みにもなった。この学生は卒業後、東南アジアで日本語を教えている。さらに、海外での日本語教育実習を経験した学生から、進学する者や日本語教育人材が輩出されやすい傾向があったことも注目に値する。

　日本語教育人材は、海外で日本語を教える人材という意味で「国際」的な仕事をする立場にある。また、すでに学習者が多様な文化的背景を持っているという意味でも、「国際」的な素養が求められる人材である。さらには、教える場が「地域」である場合もあるし、教える内容が日本語・日本社会・日本文化等の「地域」に密接に関わることが多く、国際地域学科が求める人材像と連携しやすい領域であった。

　本項では、15年の成果を数値で判断することは控えた。数値化も含めた日本語教員プログラム評価を行うことは今後の課題とする。


（2）　日本語教員養成プログラムを修了した卒業生の声

　函館校の日本語教員養成を振り返るにあたり、筆者および筆者のゼミナールの卒業生で運用しているフェイスブックグループで「卒業生の声」を募集したところ、3名の協力を得ることができた。「卒業生の声」の募集の際には、「卒業年度」「卒業後の進路」「日本語教員養成プログラムに関する思い出」「日本語教員養成プログラムで学んだことで、卒業後に生かせたと思うこと」等を尋ねた。150字から400字程度での回答を依頼したが、それ以上のコメントを書いてくれた卒業生もいる。ここではその一部を抜粋して紹介したい。なお、下線は筆者による。

①　卒業生A（2014年3月卒。実習は学内日本語クラスで実施）

　卒業生Aは、卒業後、いったん民間企業に就職する。その数年後にベトナムに渡り、日本語教師となった。

　　技能実習生などの日本での就労が目的のクラスや、日系企業内で働く人のためのクラスのコースデザインで生かしています（シラバスや教授法、教材の選定な

ど）。それから、外国人として海外で働く際の異文化適応、異文化理解教育についても大学で勉強したことを生かせていると思います。

　私は高校生のときからどうしても日本語教育を学びたかったため、志望校を決める際、函館校に養成プログラムがあることを知り、非常にうれしかったことをとてもよく覚えています。…（中略）…

　ベトナムで日本語教師をしているときに、日本にいる養成プログラム受講者とベトナムにいる技能実習生候補者をつないだ会話練習を行えたことが非常に思い出に残っています。日本人と会話する機会が少ない、リアルな初級の学習者との会話は難しい部分も多かったと思いますが、お互いに良い経験になっていればいいなと思います。

　卒業生 A が下線部で言及している「会話練習」について補足する。卒業生 A が教えている日本語学習者は、卒業生 A 以外の日本人と会話できる機会があまりなかった。また、日本語教員養成プログラムを履修している学生から、海外にいる日本語学習者とオンラインでやりとりをしてみたいという希望もあった。当時は函館地域で「やさしい日本語」を運用させる機会もまだ少なかったことから、希望者を募り、卒業生 A の日本語学習者と函館校のプログラム履修学生のうちの参加希望者が登録できるフェイスブックグループを作成し、活動を始めた。成績評価には含めず、希望者のみにしたため、参加する人数は多くはなかったが、必要な人数は集まった。ベトナムの参加学生からは、「日本にいる日本人の学生とやりとりできてうれしかった」といったコメントが届いた。日本の学生にも、活動自体を楽しむとともに、やさしい日本語を運用することの必要性と難しさを体験しながら学ぶ良い機会になった。

　日本国内もコロナ禍を経験し、海外で卒業生が教えているクラスや日本語学習者とオンラインでつながる活動は、今後さらに行いやすくなると思われる。これからの日本語教員養成プログラムでも、随時オンラインで海外の日本語教育機関や日本語教育人材・日本語学習者とつながる取り組みを行いたい。そして、これから函館校の日本語教員養成プログラムを履修する学生も、卒業後、日本語教育現場で困ったときに「オンラインでつながる」という選択肢を持てる日本語教育人材になることを期待する。

② 卒業生B（2014年3月卒。実習は海外で実施）

卒業生Bは、卒業後、国内の大学院に進学し、日本語教育に関連する研究を継続し、博士を取得した。その後、国立大学で留学生に日本語を教える常勤職に就いている。

　　初級や中級の学生に対して授業を行うとき、函館校での留学生との交流や教育実習を思い出すことがあります。学内での授業の他にも、学部3年の夏には国際交流基金の関西国際センターでの日本語授業体験への参加、3年の春休みには国際交流基金のインターンとしてアメリカに行ったことも良い思い出です。…（中略）…

　　私が卒業後、函館校の日本語教育関係の先生が増えた気がします。日本語教育を学ぶ人には良い環境になったと思います。何か機会があれば、オンラインで再会できたらいいなと思います。

　卒業生Aも卒業生Bも、日本語教育関連の専任教員が増員される直前に卒業している。つまり、創成期の学生であり、日本語教育学の専任教員が筆者1名で、オンラインを活用して多人数の授業を切り抜けた科目を履修している。その意味では、コロナ前の卒業生であるものの、オンラインに対する苦手意識がさほどない。今後、卒業生や卒業生が教えている日本語学習者および、国際地域学科の学生の双方が学び合えるようなオンライン活動をより頻繁に実施するのも一案である。

③ 卒業生C（2021年3月卒。実習は学内日本語クラスで実施）

卒業生Cは、卒業後、市町村役場に就職した。

　　日本語学習者の方と接する機会はありませんが、業務で文書を作成する際に、「一文の長さは適切か」「ほかの言葉に言い換えできないか」などのやさしい日本語の視点を取り入れていることがあります。職業柄、話し言葉・書き言葉問わず「相手に説明する」ことが多くあります。そのなかで、うまく伝えられなかったときに、漠然とダメだと捉えるのではなく、具体的な改善点が思い浮かぶのはプログラムを受講したおかげだと思っています。

　役所の公用文には、難解な語彙や表現が多い傾向がある。公用文のやさし

い日本語化に関する研究については、とりわけ国際地域学科以降の授業では具体的に紹介してきた。卒業生Ｃは、函館近郊ではなく、卒業生Ｃの出身地の近郊の市町村役場に就職した。函館地域への直接的な貢献ではないが、函館地域での学びが、函館以外の地域で生かされるのも、函館校の日本語教員養成プログラムの発展的な成果であるといえよう。また、現在、直接的に外国人と交流しているわけではないが、地方に暮らす外国人が増加する見通しであることを考えると、市町村役場に散在する日本語教育人材は、今後、外国人支援の場面で地域社会に貢献する可能性がある。

　本節の最後に、改めて、卒業生Ａおよび卒業生Ｂは共に国際地域学科の前身の人間地域科学課程の最終入学年度の学生であることを付言したい。学部の新卒で厚遇の日本語教育人材になる進路がとりわけ国内ではまだ十分ではない現状では、専任の日本語教師として就職し、一定の安定感をもつまでには、年月がかかると思われる。国際地域学科は 2014 年に設置された。この学科の終盤の学生が日本語教育人材としてどこでどのように活躍するかを見定めるには、さらに年月を待つ必要があると推測される。


## 4.　今後の日本語教員養成プログラムについての課題と展望

　本節では、今後の日本語教員養成プログラムが抱える課題と今後の展望について、3つの視点から述べる。

### （1）　日本語教育人材の新しい資格制度への対応に向けて

　日本語教育人材の資格化についての最終的な形はまだ定まっていない。はたして地方の大学の日本語教員養成プログラムが新しい資格制度に対応可能なのかどうかは、今後の資格制度の最終形を確認しなければわからない。その意味で、函館校の日本語教員養成は、大きな岐路に立たされている。

　幸い、資格化に関する文化庁の会議の資料はウェブページでその日のう

ちに確認可能であり、会議そのものの様子も、地方にいながらにして、ユーチューブライブ配信でのオンライン傍聴が可能となり、恵まれた環境になっている。今後も資格化の動向に注目していく必要がある。

（2） 新しい国際社会および地域の多様なニーズを見据えて

「多様なニーズ」は一言で括ることができるものの、似て非なるものである。たとえば、2017年度に施行された「義務教育の段階における普通教育に相当する教育の機会の確保等に関する法律（教育機会確保法）」では、不登校の児童生徒が目指すのは在籍学級への復帰ではなく社会的自立であり、在籍学級への復帰が第一の目的ではなくなっている。一方で、外国人児童生徒等への日本語支援においては、登校が推進され、在籍学級で日本の児童生徒と対等に教科を学べるようになることを目標としている。

　このような状況下で日本語教育人材は、日本語を第一言語としない外国人等児童生徒の学習目標を一律に決めることはできないだろう。もし、長期の外国滞在から帰国した、日本語を第一言語としない日本国籍の児童が「学校に行きたいけど行けない」と言った場合、私たちはこの児童がどの方向に向かうことを支援すればよいのだろうか。まさに個別最適化された、ケースバイケースの判断が求められる状況であり、こういったケースは今後も増え続けるだろう。個別最適化や自律学習・母語支援を促進するために、ICTやオンライン空間を活用できる日本語教育人材を養成することは、地方で留学生が多くはない函館校の日本語教員養成プログラムにとっても実施可能であり、貢献可能な領域であると筆者は考えている。

（3） Society 5.0 に対応した持続可能なプログラムに向けて

　膨大なデータから最適な情報や学習素材を抽出したり、選択したりすることはAIの力で可能になってきた。一方で、前項でもふれたとおり、個別の学習者が「本当に望んでいるもの」や、心の中にある「声」を検索語等に言語化する段階においては、日本語教育人材の力が必要とされる時代が当面続くと思われる。これは、やさしい日本語を作る際に、情報の整理をして「やさしい日

本語」に翻訳しやすい文にする1つ目の段階において、人間の力がまだ必要とされていることと同様である。

## おわりに

　本章では、函館校の日本語教員養成プログラムの15年を、関連する社会状況や大学の状況の変化とともに振り返った。今後も、カリキュラム再編時に新たな枠組みやビジョンの設定が必要となる可能性がある。文化庁で検討中の日本語教師の公的な資格制度に対応可能な日本語教育実習等の整備も課題である。

　引き続き、日本語教員養成プログラムの形態や内容の調整をしつつも、地域および海外で日本語教育学に関する学びを生かして社会に貢献する日本語教育人材を輩出できるような、持続可能な日本語教員養成を展開していきたい。

注
1)　2014年度からは、履修対象を国際地域学科の国際協働グループに所属する学生に限定して日本語教員養成プログラムを実施した。これにより、3年次前期に日本語教育実習の履修を希望していた学生も、4年次後期までには実習を履修してプログラムを修了できる状態に徐々に落ち着いた。
2)　「『やさしい日本語』という名称を世に広めたのが、減災のための『やさしい日本語』（岩田　2013：23)」である。「やさしい日本語」は、1995年の阪神淡路大震災をきっかけとして、災害時の外国人への情報提供の方法をやさしいものにするという目的から始まった（佐藤 2004；佐藤他　2020 等)。
3)　文化庁による「つながるひろがるにほんごでのくらし（https://tsunagarujp.bunka.go.jp/)」の公開と活用がその一例である。
4)　ERTの日本語訳は多様であり、これは青木（2020）の日本語訳による。
5)　Hodges et al.（2020）によると、ERTは、オンラインで実施される想定で事前に準備された授業と異なり、危機的な環境下で実施する、代替の方法への「一時的なシフト」である。
6)　函館校の履修カリキュラムで「B1科目」と記載されているものを指す。

引用・参考文献
青木久美子（2020)「学習者中心モデルに基づくオンライン教育」『応急措置のリモート授業か

ら質の高いオンライン教育へ――学習者中心モデルを目指して――』第 10 回オンライン授業に関する JMOOC ワークショップ講演資料。

岩田一成（2013）「『やさしい日本語』の歴史」『『やさしい日本語』は何を目指すか』ココ出版、15-30 ページ。

神吉宇一（2022）「公的日本語教育を担う日本語教師に求められるもの」『日本語教育』第 181 号、4-19 ページ。

佐藤和之（2004）「災害時の言語表現を考える――やさしい日本語・言語研究者たちの災害研究」『日本語学』明治書院、34-45 ページ。

佐藤和之、水野義道、前田理佳子、米田正人、伊藤彰則（2020）「訪日外国人 6,000 万人時代に向けた『やさしい日本語』の応答と展開――プレインイングリッシュの併用とハーディング効果で安全を高める――」『弘前大学大学院地域社会研究科年報』第 16 号、55-68 ページ。

當作靖彦（2021）「ソーシャルネットワーキングアプローチ（SNA）に基づく新しい外国語教育」2021 年度 SNA 交流学習実践研究会（SNA-COIL）・SNA 研究会（日・米）、基調講演資料。

日本語教員の養成に関する調査研究協力者会議（2000）「日本語教育のための教員養成について」文化庁。

文化審議会国語分科会（2019）「日本語教育人材の養成・研修の在り方について（報告）改訂版」文化庁。

文化庁国語課（2021）「令和 3 年度　国内の日本語教育の概要」文化庁。

文部科学省（2016）「義務教育の段階における普通教育に相当する教育の機会の確保等に関する法律（教育機会確保法）」文部科学省。

Barbour M. K., LaBonte R., Hodges C., Moore S., Lockee B., Trust T., Bond A., Hill P., Kelly K. (2020) "Understanding pandemic pedagogy: Differences between emergency remote, remote, and online teaching." *State of the Nation: K-12 e-Learning in Canada*, 1-24.


Web サイト

Hodges C., Moore S., Lockee B., Trust T., Bond A. (2020) "The difference between emergency remote teaching and online learning," *EDUCAUSE Review*. https://er.educause.edu/articles/2020/3/the-difference-between-emergency-remote-teaching-and-online-learning、2022 年 9 月 25 日アクセス。

文化庁国語科地域日本語教育推進室「『生活者としての外国人』のための日本語学習サイトつながるひろがる にほんごでのくらし」、https://tsunagarujp.bunka.go.jp/、2023 年 2 月 28 日アクセス。

**謝辞**

　函館校に日本語教員養成プログラムを設置するにあたり、ご尽力くださったすべての方々に感謝申し上げます。函館校の日本語教員養成プログラムの授業の継続のためにご協力いただいた函館日本語教育研究会の皆様、非常勤講師の皆様、海外協定校の日本語プログラムの先生方に感謝申し上げます。

　また、「卒業生の声」を寄せてくださった卒業生の皆様に感謝申し上げます。

# 第 **4** 章

## 教員研修留学生の算数・数学科における学習観の変容

― 附属函館小・中学校での授業観察をとおして ―

石井　洋

### は じ め に

　教員研修留学生プログラムとは、大使館推薦による国費外国人留学生制度の一つで、教員歴が通算 5 年以上かつ 35 歳以下の現職教員を対象に日本の学校教育の研究を目的に、大学等で 1 年間の研修を行うものである。文部科学省によって 1980 年に創設され、開発途上国等 90 カ国から、日本との架け橋となる意思のある教員が毎年採用されている。北海道教育大学においては、高度教職実践として教員研修コースを開設し、毎年 20 名程度の教員研修留学生（以下、留学生）の受け入れを公募している。

　本プログラムにおいては、これまで多くの留学生が参加し、1 年にわたる在日研修を終え、母国へと戻り教育現場で学んだことを生かして勤務している。しかし、留学生の研究成果の報告が見られるものの、教師としての専門性がどのように培われているのかが蓄積されていない点が指摘されている（半原ら，2021）。留学生一人ひとりの興味・関心が異なるため、その専門性について把握するのは困難だが、本章では、1 年にわたる在日研修をとおして、留学生の算数・数学科における学習観にどのような変容が見られたのかを質問紙調査から明らかにし、国際教育協力の視座から今後の研修プログラムのあり方を考察する。

# 1.「算数・数学科授業研究コース」の事例

## （1）研修内容

　ここでは、函館校において 2020 ～ 2021 年度に開設した「日本の算数・数学科授業研究」コースについて説明する。研修期間は、日本の学校暦と同じく 4 月～ 3 月の 1 年間である。コースの内容は、附属小・中学校での授業観察を主として、各留学生の課題意識に基づいた実践研究を行い、成果論文としてまとめるというものである。研修科目として、週に 3 つの専門科目を設定した。

　1 つ目は「Lecture」と名づけた算数・数学教育の実践および研究に関する講義である。主に筆者の作成した資料をもとに日本の算数・数学教育の特徴について説明するものである。2 つ目は、「Seminar」と名づけた研究テーマに基づく発表およびディスカッションである。学部生と同じように、留学生一人ひとりの研究課題に即した内容を発表させ、同期の留学生や筆者とともに議論をする場とした。3 つ目は、「Lesson observation」と名づけた附属小・中学校での授業観察である。週一回、本学附属の小・中学校にて、1 年間をとおして算数・数学科の授業を観察した。コロナ禍ということもあり、参観できない時期もあったが、日本の教育現場を直に観察することができる時間であった。どの留学生も 15 回以上の算数・数学科の授業を観察している。その際、教師と児童生徒の発話を日本語から英語に同時通訳された音声をヘッドホンで聴いて、授業観察シートに記録するという、通常のわが国の教師が行っている授業観察に近い環境で実施した。留学生は、自身の興味・関心をもとに算数・数学科の授業を観察し、今後の自身の指導や自国の教育改善に生かすことを目的にしていた。

　これらの 3 つの研修科目をもとに、2 つの論文の提出を課している。一つは自国と日本の算数・数学科授業との比較研究で、もう一つは、各自の研究テーマに基づく研究論文である。この 2 つの論文を提出することで、1 年間の研修の成果報告としている。

### （2）　対象者の概要

　本調査の対象者は、上述した教員研修留学生プログラムで来日した、算数・数学科の教員研修留学生で、2020 〜 2021 年度に５名の留学生を受け入れている。留学生は自ら志願し、外務省の推薦を経て本研修に参加している教師である。留学生の基礎情報は、表 4-1 のとおりであり、年齢や国籍も多様な教師であった。

　本調査では、教員研修留学生プログラムで来日したインドネシア、ナミビア、フィリピン、フィジー、ブータンの５名の留学生が、１年にわたる在日研修をとおしてどのように算数・数学科における学習観を変容させたのかを明らかにし、国際教育協力の視座から今後の研修プログラムのあり方を考察する。

表 4-1　留学生の基礎情報

| 留学生 | 国籍 | 性 | 年齢 | 教職歴 | 勤務学校種 | 研究テーマ |
|---|---|---|---|---|---|---|
| A | ナミビア | 女 | 31 | 9 年 | 中学校 | 日本とナミビアにおける数学教育の戦略と方法論の分析 |
| B | インドネシア | 女 | 32 | 5 年 | 小学校 | 文章題を通じた児童の読解力・問題解決力の促進 ― 日本の小学校における算数文章題からの知見 ― |
| C | フィジー | 男 | 33 | 8 年 | 小学校 | フィジーで日本の数学教育システムを導入するために |
| D | ブータン | 男 | 33 | 6 年 | 中等教育学校 | 日本の数学科授業における ICT 活用 ― 授業観察と教師の視点 ― |
| E | フィリピン | 男 | 27 | 6 年 | 小学校 | 算数指導における構造化された問題解決と練り上げアプローチ ― 北海道教育大学附属学校の事例研究 ― |

## 2. 調査の概要と分析の枠組み

### （1） 調査の概要

　本調査においては、5名の留学生がどのように算数・数学科における学習観を変容させたのかを分析する。分析に用いるデータは、算数・数学科における学習観に関わる質問紙調査の結果と各自の研究テーマに基づく成果論文である。留学生は、自国において教育を受け、一定の教員経験もあるため、すでに形成された学習観を有しており、その変容は容易ではないが、取得したデータをもとに留学生の学びの内実を明らかにする。

### （2） 分析の枠組み

　本調査では、まず、留学生に行った算数・数学科における学習観に関わる質問紙の分析を行う。算数・数学科の授業に対してどのような信念をもっているかを明らかにするため、Shaw（1989）、勝亦（2012）、石井（2019）が使用した質問紙を用いて調査を実施した。この質問紙では、「子どもはどのようにして算数・数学を学ぶか」という質問に対して、異なる信念をもつ4人の仮想教師の意見が示されており、回答者はそれらの意見について、持ち点100点を配点していく（勝亦2012：8-20）というものである。表4-2のように4人の仮想教師たちの意見は、それぞれ算数・数学科の学習観として「練習」「記憶」「推論」「探究」といったキーワードに整理することができる。しかし、留学生への質問紙では、これらのキーワードで質問するのではなく、仮想教師の意見として提示し、自身の学習観を間接的に表出させることを目的としている。そのため、学習観を示すキーワードは、留学生に配布する質問紙には明示していない。また、100点の持ち点をどのような視点で配分したのかについて把握するために、自由記述欄に理由を記載するように促した。

　留学生5名を対象に、授業観察前の5月と15回程度の授業観察を経た9カ月後にあたる2月に同様の質問紙調査を実施し、その回答の変化から学習観の変容を捉える。以下、質問紙の内容である。

表4-2　算数・数学の学習観に関わる質問紙の内容

| 教師名 | メアリー | バーバラ | スーザン | デニス |
|---|---|---|---|---|
| 仮想教師の意見 | 算数・数学を学ぶためには、生徒は練習を重ねる必要がある。それは楽器の演奏と同じように、完全に理解するまで練習しなければならない。 | 算数・数学を学ぶうえで最も重要な思考のプロセスは、記憶することである。生徒が一度事実と法則を記憶すれば、すべてのことを正しい答えに導ける。 | 一番大切なことは推論することである。もし生徒が論理的に推論することができ、ある一つの数学的考えが他とどのように関係しているか見いだすことができれば、教わったことを理解することができるだろう。 | 探究こそが算数・数学を学ぶ鍵となる。もし生徒が問題場面について探究し、正か誤か推測し、答えを発見することができれば、彼らは算数・数学そのものや算数・数学がどのように使われるかを理解するだろう。 |
| 学習観 | 練習 | 記憶 | 推論 | 探究 |

　仮想教師メアリーの意見は、計算の練習に価値をおいた学習観を示しており、バーバラは、記憶型の学習観を想定している。この2人への配点は、表面的な理解や計算習熟などの技能面に偏った学習観であるため、日本型の問題解決授業とは、正反対の学習観となる。一方、スーザンの意見は、推論に価値をおいた学習観を示しており、デニスは、問題解決型と親和性のある探究の学習観を想定している。日本の問題解決授業としては、デニスの意見が最も適合している。

　この質問紙調査の結果をもとに、すでに有していた算数・数学科の学習観が、授業観察を経てどのように変容したのかを留学生ごとに分析し、成果論文の記述も参照しながら、その学習観の変容を捉えることとする。

## 3.　調査結果

### （1）　ナミビア留学生 A

　留学生 A は「日本とナミビアにおける数学教育の戦略と方法論の分析」という研究テーマを設定し、日本の算数・数学科授業について授業観察をとおして学びを深めた。授業観察前後の学習観の変容は以下の表 4-3 のとおりとなった。

表 4-3　ナミビア留学生 A の算数・数学科の学習観の変容

(点)

| 学習観 | 練習 | 記憶 | 推論 | 探究 | 計 |
|---|---|---|---|---|---|
| 授業観察前（5 月） | 40 | 10 | 30 | 20 | 100 |
| 授業観察後（2 月） | 8 | 2 | 40 | 50 | 100 |

　授業観察前には、「練習」の項目に 40 点を配分していたが、授業観察後は 8 点となり、逆に「探究」の項目は 20 点から 50 点へと大幅に変化している。授業観察前の留学生 A の記述欄には、「算数・数学は、新しい状況へ知識やアイデアを練習したり適応したりすることである」とあり、ナミビアでの指導経験から算数・数学の学習には、「練習」が重要な要素であると認識していた。

　一方、授業観察後の記述欄には、「探究と自身の理解を構成していくことは、児童生徒の批判的思考や推論を高める」とあり、「推論」と「探究」の配点の比重が 9 割に達するなど、日本での問題解決の授業観察をとおして、大きな学習観の変容が見られた。このことは、最後に提出した成果論文の記述にも見られ、「日本の学習者は、既習の知識や日常事象とのつながりを作り、さまざまな方法で一つの問題を解決することをとおして学習するが、ナミビアの学習者は批判的思考の必要性を最小限に抑えるための設定された手順を用いて学習する」とある。本プログラムをとおして、自国の問題点を見いだし、理想とする学習観の転換が図られたと考えられる。

## （2） インドネシア留学生 B

　留学生 B は「文章題を通じた児童の読解力・問題解決力の促進 ― 日本の小学校における算数文章題からの知見 ― 」という研究テーマを設定し、日本の算数・数学科授業について授業観察をとおして学びを深めた。授業観察前後の学習観の変容は以下の表 4-4 のとおりとなった。

表 4-4　インドネシア留学生 B の算数・数学科の学習観の変容

（点）

| 学習観 | 練習 | 記憶 | 推論 | 探究 | 計 |
|---|---|---|---|---|---|
| 授業観察前（5月） | 20 | 10 | 30 | 40 | 100 |
| 授業観察後（2月） | 20 | 20 | 30 | 30 | 100 |

　授業観察前から、「探究」の項目に 40 点を配分していたが、授業観察後は 30 点となり、逆に「記憶」の項目は 10 点から 20 点へと変化している。ただ、この点については、誤差の範囲と見るのが自然で、留学生 B の学習観は授業観察前後でほぼ変容していないと捉えることができる。授業観察前の留学生 B の記述欄には、「一度、論理的に推論して解を求めることに慣れれば、それが習慣となる」とあり、5 月の時点で推論の重要性に気づいていたことがわかる。留学生 B は日本に来る前から、算数・数学教育について学習してきており、算数・数学の学習には、「推論」や「探究」が重要な要素であることを認識していた。

　そして、授業観察後の記述欄には、「算数・数学科の授業では、論理的思考力と推論力が重要であり、児童生徒たちは算数・数学が自分たちの生活と関連し、発展を促進する有用なツールになり得ることを理解する」とあり、算数・数学科の授業において「推論」や「探究」を意識することで、現実世界の事象に活用できることを述べ、その重要性を指摘している。このことは、最後に提出した成果論文の記述にも見られ、「算数・数学の文章題アプローチが数学的概念と日常生活とのギャップを埋め、算数・数学を学ぶことの利点を理解することを可能にしている」とある。本プログラムをとおして、算数・数学において学習したことを実生活で活用するために求められる学習観について、再確認

したと考えられる。


## （3）　フィジー留学生C

　留学生Cは「フィジーで日本の数学教育システムを導入するために」という研究テーマを設定し、日本の算数・数学科授業について授業観察をとおして学びを深めた。授業観察前後の学習観の変容は以下の表4-5のとおりとなった。


表4-5　フィジー留学生Cの算数・数学科の学習観の変容

(点)

| 学習観 | 練習 | 記憶 | 推論 | 探究 | 計 |
|---|---|---|---|---|---|
| 授業観察前（5月） | 40 | 10 | 20 | 30 | 100 |
| 授業観察後（2月） | 30 | 0 | 20 | 50 | 100 |


　授業観察前には、「練習」の項目に40点を配分していたが、授業観察後は30点となり、逆に「探究」の項目は30点から50点へと大幅に変化している。授業観察前の留学生Cの記述欄には、「練習は完璧をつくる。児童生徒が物事を記憶し、推論し、状況を探究する際、完璧にするためには練習することになる」とあり、フィジーでの指導経験から算数・数学の学習には、「練習」が重要な要素であると認識していた。

　一方、授業観察後の記述欄には、「問題を解き、自分の考えを推論することができれば、算数・数学を学ぶための練習になる」とあり、「推論」と「探究」の配点の比重が7割に達するなど、日本での問題解決の授業観察をとおして、学習観の大きな変容が見られた。このことは、最後に提出した成果論文の記述にも見られ、「日本の問題解決の授業は、児童生徒がそれぞれの問題解決方法を見つけても終わらないのが普通である。私は教師が、児童生徒が解決策を得るためのさまざまな戦略を思いついた後に授業の中心が始まると信じていることを観察した」と述べ、フィジーの算数の授業との違いとして指摘している。本プログラムをとおして、練習中心の自国の算数・数学科授業の問題点を見いだし、探究型を理想とする学習観へと転換が図られたと考えられる。

（4） ブータン留学生 D

　留学生 D は「日本の数学科授業における ICT 活用 — 授業観察と教師の視点 —」という研究テーマを設定し、日本の算数・数学科授業について授業観察をとおして学びを深めた。授業観察前後の学習観の変容は以下の表 4-6 のとおりとなった。

表 4-6　ブータン留学生 D の算数・数学科の学習観の変容

(点)

| 学習観 | 練習 | 記憶 | 推論 | 探究 | 計 |
|---|---|---|---|---|---|
| 授業観察前（5月） | 30 | 10 | 20 | 40 | 100 |
| 授業観察後（2月） | 15 | 5 | 30 | 50 | 100 |

　授業観察前には、「練習」の項目に 30 点を配分していたが、授業観察後は 15 点となり、逆に「探究」の項目は 40 点から 50 点へと変化している。授業観察前の留学生 D の記述欄には、「算数・数学の学習には、できるだけ多くの問題を解き、練習することが必要である。その過程で、論理的な推論能力が高まり、算数・数学の事実や規則が記憶されるようになる」とあり、ブータンでの指導経験から算数・数学の学習には、「練習」が重要な要素であると認識していた。

　一方、授業観察後の記述欄には、「算数・数学は、問題を探究し、問題間のアイデアやコンセプトを関連づけることによって学ぶことができる。また、算数・数学の能力を継続的に向上させるためには、十分な練習が必要である」とあり、「推論」と「探究」の配点の比重が 8 割に達するなど、日本での問題解決の授業観察をとおして、大きな学習観の変容が見られた。このことは、最後に提出した成果論文の記述にも見られ、「構造化された問題解決は、児童生徒が個別に問題に取り組み、長い議論を通じて複数の解決策を共有することによって数学的概念を構築するものであり、日本で確立され、世界の注目を集めている児童中心の授業方法である」と述べ、計算の習熟を中心としたブータンの算数・数学科の授業との違いとして指摘している。本プログラムをとおして、練習中心の自国の算数・数学科授業の問題点を見いだし、探究型を理想と

する学習観へと転換が図られたと考えられる。

## （5）　フィリピン留学生E

　留学生Eは「算数指導における構造化された問題解決と練り上げアプローチ ― 北海道教育大学附属学校の事例研究 ― 」という研究テーマを設定し、日本の算数・数学科授業について授業観察をとおして学びを深めた。授業観察前後の学習観の変容は以下の表4-7のとおりとなった。

表4-7　フィリピン留学生Eの算数・数学科の学習観の変容

(点)

| 学習観 | 練習 | 記憶 | 推論 | 探究 | 計 |
|---|---|---|---|---|---|
| 授業観察前（5月） | 10 | 10 | 50 | 30 | 100 |
| 授業観察後（2月） | 20 | 10 | 50 | 20 | 100 |

　授業観察前から、「推論」の項目に50点をつけており、授業観察後も高い点数を維持していた。一方、「探究」の項目には30点を配分していたが、授業観察後は20点となり、逆に「練習」の項目は10点から20点へと変化している。ただ、この点については、誤差の範囲と見るのが自然で、留学生Eの学習観は授業観察前後でほぼ変容していないと捉えることができる。授業観察前の留学生Eの記述欄には、「児童生徒がコンセプトを理解し、算数・数学のコンセプトの問題を分析する方法を知っていることが、より重要だと思う」とあり、5月の時点で推論の重要性に気づいていたことがわかる。留学生Eは日本に来る前から、算数・数学教育について勉強しており、算数・数学の学習には、「推論」が重要な要素であると認識していた。

　一方、授業観察後の記述欄には、「算数・数学を学ぶうえで最も重要なことは、推論力を養い、数学的な考え方が互いにどのように関連しているかを知ることだと思う」とあり、算数・数学の授業において「推論」を意識することで、学習内容を関連づけられると述べ、その重要性を指摘している。このことは、最後に提出した成果論文の記述にも見られ、「問題を解決する他の方法を知ることで児童生徒の考え方が改善される」「ほかの考えを共有し、聞くこと

によって、児童生徒は一つの問題に対するさまざまな考え方と複数の解決策を学ぶことができる」「児童生徒のアイデアや解法を比較および区別することによって批判的思考力も育成できる」というように問題解決の過程で行われる交流活動をとおして、数学的な考え方の関連性が認識できた点についてまとめている。本プログラムをとおして、グループの対話や深い議論、練り上げなど、学習者間の相互作用による推論をもとにした学習観の重要性について再確認したと考えられる。

## 4.　考　　察

　ここでは、5名の留学生の調査結果をもとに、1年にわたる授業観察や算数・数学教育に関する講義をとおして、どのように学習観を変容させたのかを考察する。表4-8のように、今回の調査対象者である5名の留学生は、2月に実施した授業観察後の質問紙調査において、全員が「推論」「探究」の学習観に高い得点を配分した。日本の算数・数学科における問題解決授業は、「推論」と「探究」を重視しているという特徴があり、そのことが5名の留学生全員の学習観として表出される結果となった。

　インドネシア留学生Bとフィリピン留学生Eについては、もともと「推論」と「探究」が重要であるという学習観を有しており、本プログラムにおける変

### 表4-8　授業観察後の留学生の学習観

(点)

| 留学生 | 練習 | 記憶 | 推論 | 探究 | 計 |
|---|---|---|---|---|---|
| A | 8 | 2 | 40 | 50 | 100 |
| B | 20 | 20 | 30 | 30 | 100 |
| C | 30 | 0 | 20 | 50 | 100 |
| D | 15 | 5 | 30 | 50 | 100 |
| E | 20 | 10 | 50 | 20 | 100 |
| 平均 | 18.6 | 7.4 | 34 | 40 | 100 |

注：授業観察前より　　　配点減、　　　配点増

容はほとんど見られなかったが、ナミビア留学生 A、フィジー留学生 C、ブータン留学生 D については、「練習」「記憶」といった計算習熟や表面的な理解などの技能面に偏った学習観から、日本の算数・数学科の学習観に適合する「推論」「探究」を重視する学習観に大きく変容する結果となった。そこでの記述内容についても、日本の問題解決授業の特徴を反映したものとなっており、理解が進んだ結果として捉えることができる。

　一方、大きな変容が見られなかったインドネシア留学生 B とフィリピン留学生 E についても、「日本では、問題解決は数学的概念と技能を発達させるための強力なアプローチと考えられている。そして、教師は問題解決の技能や戦略を磨くことに焦点を当てた授業だけではなく、カリキュラム全体をとおして数学の概念・技能・手順を開発するために問題解決を使用している」と述べるなど、問題解決について授業以外での関係性も見いだすなど、さらなる理解を深めたことがわかる。

　国際教育協力の視座から今後の研修プログラムのあり方を考察するためにこの質問紙調査の結果をまとめると、次の 3 点が挙げられる。

① 15 回におよぶ授業観察は、日本の教育現場を直に観察することができる時間であり、自国において教育を受け、一定の教員経験もある留学生にとって、すでに形成された学習観を変容させるために有効であった。

② 算数・数学教育の実践および研究に関する講義において説明した、日本の算数・数学教育の特徴は、留学生の質問紙や成果論文の記述に反映されていたことが確認できるなど、授業観察を補完する機能を果たしていた。

③ 研究テーマに基づく発表およびディスカッションは、留学生個々の異なる学習観を他者と共有することに役立ち、相互作用を生み出すことで、日本の算数・数学科の授業についての理解を深めるために有効であった。

以上のことから、研修プログラムにおいては、留学生に座学を中心とした知識のインプットをするだけではなく、授業観察といった実地研修を含むプログラムも取り入れ、適切なインプットとアウトプットを計画・実施していくこ

との必要性が指摘できる。


## おわりに

　本章では、教員研修留学生プログラムで来日したインドネシア、ナミビア、フィリピン、フィジー、ブータンの5名の留学生が、1年にわたる在日研修をとおしてどのように算数・数学科における学習観を変容させたのかを明らかにし、国際教育協力の視座から今後の研修プログラムのあり方を考察した。

　研究成果としては、本研修プログラムの成果について、留学生の質問紙の配点の変化や根拠となる記述を提示することで、算数・数学科の学習観の変容を明らかにすることができた点である。しかしながら、調査対象者が5名と限られており、それぞれの留学生の国籍や勤務学校種をはじめ、関心事や考え方も異なるため、今回の結論を一般化することは困難である。

　今後は、調査対象者を拡大していくことに加え、質問紙や成果論文だけではなく、授業観察シートなどの調査・分析をとおして、より多様で詳細な検証を進めていくことが求められる。

引用・参考文献

石井洋（2019）「国際教育協力における日本型理数科教育導入の可能性 ― サモア独立国の事例から ― 」、北海道教育大学函館校国際地域研究編集委員会編『国際地域研究 Ⅰ』大学教育出版、137-151 ページ。

勝亦菜穂子（2012）「授業観察と協議を通じたアフリカ教師教育者の信念の変容に関する研究」『日本数学教育学会誌』第 94 巻第 2 号。

半原芳子・マグラブナン ポリン アンナ テレーゼ マラヤ・王林鋒・モスタファ ヤスミーン（2021）「教員研修留学生の長期に渡る学習のプロセスを辿る ― ブータン人教師 Ugyen Dorji 氏の長期実践記録の分析から ― 」『国際教育交流研究』第 5 号、15-28 ページ。

Helena, M & Ishii, H. (2021) "Analyzing Strategies and Methodologies of Teaching Mathematics in Japan and Namibia"『北海道教育大学紀要教育科学編』第 72 巻 1 号、247-261 ページ。

Shaw, K. L. (1989) "Contrast of Teacher Ideal and Actual Beliefs about Mathematics

Understanding: Three Case of Studies", Unpublished Dissertation Submitted to the University of Georgia.

Siska, S & Ishii, H.（2021）"Using Word-problems to Promote Reading-comprehension and Problem-solving Skills-Lessons Learned from Mathematics Word-problems in Japanese Elementary Schools"『北海道教育大学紀要教育科学編』第72巻1号、231-245ページ。

**Web サイト**

文部科学省（2022）「2022 年度日本政府（文部科学省）奨学金留学生募集要項 教員研修留学生」、https://www.mext.go.jp/content/20211209-mxt_gakushi02-000019355-06.pdf、2022年5月21日アクセス。

**付記**

本研究は JSPS 科研費 19K14225 の助成を受けたものです。

## コラム3　幼児教育と遊び

### 【幼児教育において育みたい資質・能力】

　本学附属幼稚園の園長に就任して早3年が経つ。園では年間を通じてさまざまな行事が組まれている。

　先月、火災避難訓練を実施した。ふだんは耳にしない非常ベルの警報音や避難を促す放送が園内に響き渡り、それが訓練であるとわかっていても園児たちは一様に緊張した面持ちである。園舎から園庭への避難時も、走ったり騒いだりすることもなく、ハンカチなどで口をおさえながら無言で粛々と行動する様子はとても立派なものであった。

　避難訓練終了後、ご協力いただいた消防士さんが、実物の消防車を前にその装備や仕組みについて子どもたちにいろいろ説明をしてくれた（写真1）。消火ホースやはしご・各種計器類などの用途について子どもたちは熱心に聞き入っている。照明器具のサーチライトの説明に及んだとき、ある園児が消

写真1　消防車の見学

防士に質問をした。その質問は、「どうしてライトが必要なんですか？」というものだった。

　さて、幼稚園では文部科学省より『幼稚園教育要領』が示され、それに基づいて教育が行われている。その中に、幼稚園教育において育みたい「資質・能力」として、「知識及び技能の基礎」「思考力、判断力、表現力等の基礎」「学びに向かう力、人間性等」の3つが明示されている。その内容はおおむね次のようなものである。

　①　知識及び技能の基礎
　　　感じたり、気付いたり、分かったり、できるようになったりする。
　②　思考力、判断力、表現力等の基礎
　　　考えたり、試したり、工夫したり、表現したりする。
　③　学びに向かう力、人間性等
　　　心情、意欲、態度が育つ中で、よりよい生活を営もうとする。

　つまり、文部科学省は「①知識」をもとに、「②思考」し、さらに「③学びに向かう」という姿勢を育むことを、幼稚園の教育的役割として求めてい

る。

　先ほどの園児は、おそらく自身の誕生日などのときに家庭でケーキにろうそくを立て、それに火を灯し部屋の電気を消して「ハッピーバースデートゥユー」の歌とともにほんのりその周りを照らしているろうそくの火を吹き消した経験があるのだろう。その経験から得た「火が燃えるとその周りは明るくなる」という知識をもとに、「火事の現場は火が燃えていて明るいはずだ」と思考し、「明るいはずなのに、どうしてライトが必要なのか？」と疑問をもち学びに向かっている。

　家庭での育児と園での保育の両輪で、子どもたちの「資質・能力」が着実に育まれていることを実感できる場面であった。

## 【「遊び」は学びの基盤】

　保育室で園児といっしょに遊んでいたとき、園児のA君に「紙飛行機を折って〜」と頼まれ、折り紙を手渡された。お安いご用だと思い何気なく作って手渡したところ、不満げな表情をされ、「これは紙飛行機じゃない！」と言われてしまった（写真2）。

写真2　紙飛行機じゃない！

　どうやら、A君の知っている紙飛行機とは形が違っていて、自分が知っている形状以外のものは異質に感じ、紙飛行機だとは認められないようだった。

　ところで、子どものころ、私の好きな遊びの一つは紙飛行機だった。当時は家の近くに空き地があり、そこが近所の子どもたちの遊び場だった。幼児や学童など異年齢の子どもがいつも交ざり合って遊んでおり、私はその遊びの中で紙飛行機づくりを覚えた。よく飛ぶ紙飛行機を作るにはどうすればいいかさまざまな折り方を試し、形状を工夫した。あるとき、私より年上の子が、垂直尾翼のある紙飛行機を折って持ってきた（写真3）。

　私はその紙飛行機に魅了された。今まで見たこともなかった。どうやっ

写真3　垂直尾翼のある紙飛行機

て作るのか知りたかった。しかし、その年上の子は、いくら作り方を教えて
くれと頼んでも教えてはくれなかった。私は、垂直尾翼を備えたその紙飛行
機をどうしても作りたかった。そこで、これまで身につけた紙飛行機の折り
方に関する知識と経験をもとに、考え、試行錯誤を繰り返し、何度も失敗を
重ね、ようやく作り上げることができた。

　折り紙で作成できる紙飛行機の種類は1つだけではない。さまざまな種
類のものがある。しかし、A君はまだそれが理解できない。「多種多様性の
理解」が必要である。いわば、「みんなちがってみんないい」の理解である。
そのためには、「真実の探究」や「本質の見極め」など、そこに至る学びの
姿勢、いわば「学びの基盤」づくりが欠かせない。

　「知識」や「経験」をもとに試行錯誤や工夫等、「学び」に向かうことがで
きるようになるためには、「遊び」をとおして培う「幼児期からの学びの基
盤づくり」が重要なのである。

## 【遊びの広がり】

　ある日のこと、園庭で園児のB君
が体を震わせ涙をこらえて立ってい
た。「どうしたの？」と尋ねると、C
君がじゃんけんでずるをしたと訴え
る。とても悔しそうである。事情は
こうだ。B君とC君がじゃんけん遊
びをしていたところ、C君が突然右
手と左手でどちらもチョキをだし、

写真4　チョキとチョキを合わせてパー

「チョキとチョキを合わせてパー」と言い、そのとき右手でグーを出してい
たB君の負けということになったらしい（写真4）。

　じゃんけんの基本ルールに基づいて遊んでいたB君はそのことに納得が
いかず、自分に都合のいいようにルールを変えたC君のやり方を「ずるい」
と表現した。大人になるにつれ「じゃんけん」は何かを決めるときの「手段」
に用いることがほとんどとなるが、子どもはじゃんけん自体を「遊び」とし
て楽しんでいる。片手で行うじゃんけんの他に、両手を使ったり、足や体全
体を使うものなど、多数のバリエーションがある。

　どうすればもっと遊びがおもしろくなるかを工夫し、「遊び方」が広がる
ことは創造性がありとても好ましいことである。C君の「チョキとチョキを
合わせてパー」は、より「パー」に近い指の「数量」であったり、「パー」

の形に近い「図形」の概念によるものである。しかし、B君が問題にしているのは、遊びの基盤となる「ルール」であり、合意されていないルールの適用は効力がないということである。

　遊び方が広がると、それにともないルールが変更されたり、新しいルールが加わったりすることがある。大切にしたいのは、そのルールの内容を共有・理解し合意することであり、その合意を形成するに至る「過程」である。合意形成の過程では、意見やアイデアを出し合い、子どもたちなりに話し合うこととなるが、真に大事なことは「話し合うことで最初に何がわかるか」である。

　話し合うことで最初にわかること、それは、「そもそも人と自分は違う」ということである。その「違い」を認めたところから、本当の合意形成が始まるのである。

## 【科学遊びとファンタジー】

　子どもたちとブロックで遊んでいたら、園児のD君が向こうからやってきて、思いつめた表情でこう言った。

　「園長先生…、ぼく、ポケモンのいる世界に行ってみたい」。

　何と答えたらいいか迷った。D君の中でポケットモンスターは架空の存在ではなく、ここではないどこかに「実在」する存在なのだ。そして、その世界に行きたいと言う。D君のファンタジックな思いを壊すわけにはいかない。さて、どうしたものか……。

　そのとき、そばでその話を聞いていたE君と目が合った。なぜだか、E君の考えていることがわかった。私もそう答えるのがよいと思った。そこで、「D君、目には見えないけど、ポケモンは園のテラスや中庭にいることもあるよ。この周りにもいたりするよ」と伝えた。D君は「えっ!?　そうなの!?」と驚き、そのことを友だちに教えに行った。その背中を見送りながら「アプリを使えば捕まえることもできるよね」と、E君が私に呟いた。

　そこで、「目には見えないけど、確かに『実在する』」ものの理解を促すために、簡単な科学遊びをしてみた。

　最初に、穴を開けたペットボトルに水を入れ、穴から水が出ることを確認させた（写真5）。次に、穴を指でふさいで水を入れ、指を離すとどうなるか質問をした（写真6）。園児たちは口々に「穴から水が出るー！」と得意顔で言う。最後に、指を離しても穴から水は出ないことを示した（写真7）。

　穴から水が出ないのは表面張力の影響もあるが、単純に言うと「空気」が

写真5　水が出る

写真6　穴をふさぐ

写真7　水は出ない

穴をふさいでいるのである。目には見えないが、空気は私たちの周りに確かに実在することがわかる。

　ただ、残念なことに、穴をふさいでいた指を離し、水がその穴から出てこない現象を目の当たりにさせたとき、「えーっ⁉　なんでー⁉　どうしてー⁉」と一番驚いていたのは、園児ではなく実習に来ていた教育大生の方だった。いろいろがっかりだよ……。

（外崎　紅馬）

# 第 5 章

# ICT を活用したフィールド教育の可能性
## ― オンライン海外スタディーツアーにおける
## 学生の変容に着目して ―

有井　晴香・新　江梨佳

## は じ め に

　2020 年以降、コロナ禍により、大学における授業形態は大きな変更を迫られてきた。とりわけ海外研修型の科目は、その性質上、大きな課題に直面したといえる。本学では、海外研修型科目の一つとして教員が引率するスタディーツアーを実施してきたが、海外への短期渡航が制限されたことにより、オンライン型プログラムの実施を模索することとなった。学生の海外渡航において、大きなハードルとなる経済的負担や安全の保障の問題を解消できるオンラインツアーは、新たな学習機会を提供するものとして今後も活用が期待される分野と考えられる。そこで本章では、筆者らが 2020 年以降、3 回にわたって実施したオンライン海外スタディーツアーを事例に、その学習効果と課題について論じる。

　スタディーツアーのねらいは海外において非日常的な体験をすることによって、さまざまな気づきを得て学習につなげていくことにある。オンラインで実施する場合、日常的な生活空間から受講することとなり、また、一日に参加する時間も限られているため、非日常的な体験を生み出すことは困難なように思われる。このような制限があるなかで、オンラインならではの強みを活かしつつスタディーツアー本来の目的をいかにして達成したらよいのだろうか。

## 1.　自己変容を促す海外体験学習

　グローバル人材を育成するために、国際理解教育は重視されており、留学や海外インターンシップへの参加など、大学が提供する海外体験プログラムは多岐にわたる。なかでも、海外留学などに比べて短期間で海外経験を積めるスタディーツアーは、学生が参加しやすいプログラムとして多くの大学で取り入れられている。

　ひとくちにスタディーツアーといっても、視察・交流することに重きを置く研修旅行タイプや PBL（課題解決型学習、プロジェクト型学習）タイプなど、さまざまな目的の下で実施されている。先行研究で論じられてきたスタディーツアーに共通した大きなねらいは、主体的な学びの促進や学習者の変容にある（たとえば、石川　2020；中山　2018；藤原・栗山　2014など）。

　文化人類学者の箕曲在弘らは、人類学における長期間のフィールドワークの経験をもとに、「自己変容型フィールド学習」を提案しており、自己変容を単に考え方が変化することではなく、「フィールドにおいて自ら（self）の認識や価値観の形態（formation）を別の状態へ移行（trans）させていくプロセスそのもの」（箕曲ら　2021：19）と定義している。箕曲らは、こうした自己変容の考え方をアメリカの教育学者、ジャック・メジローの変容的学習論とも通じるものとして位置づけている。

　メジローは成人学習を題材として、学習者の変容プロセスとして自己省察を挙げている。メジローは省察を 3 つの型に分けて考えており、何を認識するのかという「内容の省察」、どのように認識するのかという「プロセスの省察」に加えて、なぜそのように認識するのかという「想定の省察」を促すことが学習者の変容へとつながるという。すなわち、「想定の省察」によって、自己の経験を意味づける際に参照される知覚や認識の準拠枠の変容が可能となる（メジロー　2012）。メジローはこうした省察の契機となるのが「混乱を引き起こすジレンマ」であるといい、対話型の学習が変容を導くのだと論じる。これを踏まえ、箕曲らのいうところの自己変容型フィールド学習においては、「〈な

じみの空間〉から離れた場所における他者との交流」（箕曲ら　2021：21）を
とおして、学生の価値観を揺さぶるような体験を提供することが肝となってい
る。

　オンラインツアーの場合、自宅や学校など日常生活を送っている場からプ
ログラムに参加することがほとんどであろう。つまり、〈なじみの空間〉に身
を置いたままであり、物理的な意味では決して切断されることはない。この意
味で、オンラインツアーでは決して海外を「体験」することができず、現地渡
航型のツアーの完全な代替とはなりえない。また、フィールド学習の強みは、
プログラムとして設定された活動に取り組む以外にも、フィールドに居続ける
ことで、自発的に学び、経験が継続されることにある。対して、オンラインで
は画面越しにフィールドを感じられることができるものの、講義室における学
習と同様、限られた時間にとどまる。自己変容型フィールド学習においては、
社会的文脈につかること、偶発性に身をゆだねること、自己省察をとおして既
存の世界を相対化することがポイントとなる（箕曲ら　2021）が、オンライン
ツアーにおいては、こうした社会的文脈や偶発性の体験が薄く、ともすれば
講義室における学習となんら代わり映えのないものとなり果ててしまう。つま
り、オンラインツアーにおいて自己変容型の学びを促すためには、〈なじみの
空間〉から一時的であれ切り離し、「混乱を引き起こすジレンマ」を感じるよ
うな場面を演出する工夫が必要となる。

　オンライン型の海外体験学習の可能性について語学研修、海外研修、サー
ビス・ラーニングを事例に検討した秋吉ら（2022）は、オンラインならではの
強みとして次の2点を挙げている。一つは、「俯瞰する対象が現地から足元も
含めた国内にまで視点が広がったこと」（秋吉ら　2022：50）であり、もう一
つが「学生それぞれが自身の興味関心に沿ってより深く調べ考える時間を持て
たこと」（秋吉ら　2022：50）である。本章では、ここで指摘されていたこと
に加えて、自己変容型の学びの観点からオンラインツアーの意義について検討
していきたい。以下の節では、筆者らが実施したタイ・オンラインスタディー
ツアーの概要について述べた後、自己変容型の学びを促すためのオンラインな
らではの工夫と、参加学生に見られた変化について述べる。

## 2. タイ・オンラインスタディーツアーの概要

### （1）「海外スタディーツアー」の授業概要

「海外スタディーツアー」は北海道教育大学函館校・国際協働グループにおいて、2015年度より実施されている科目であり、海外体験科目の一つとして位置づけられている。この授業では、教員の引率の下、海外の大学・企業・国際機関などを訪問し、施設見学や研修・交流活動などをとおして異文化理解を深め、国際的な視野を広げることを目的としている。主な対象学年は大学2年生であり、その大半は海外に渡航した経験がない。海外スタディーツアーに参加することをとおして、海外へ渡航するにあたっての基礎的な素養を身につけることも期待される。

海外スタディーツアーで設定されているコースは北米・ヨーロッパ・アジア地域であり、2021年度はアメリカ・ポーランド・韓国・台湾・中国・タイの6コースが開講された。

### （2）プログラムの概要

海外スタディーツアーのタイコースは、東南アジアを拠点とした実践・体験型教育プログラムの企画実施事業を展開しているSophiaGED社（Sophia Global Education And Discovery Co., Ltd.）の協力の下、企画・実施している。このツアーでは、持続可能な開発のための教育（ESD）の観点を取り入れつつ、社会・文化的側面から地域の実態や多様性について考えることを目的として、地域支援をメインテーマに設定した。とくに、国際機関・NGO（非政府組織）のプロジェクトサイトや地域訪問をとおして、少数民族・社会的弱者に関する状況や課題について学ぶことに重点を置いた。

実地形式のような直接訪問ができないオンラインツアーにおいては、オンラインの強みを活かし、とくに他者との交流という面を重視して自らのキャリアやグローバル社会の中での生き方を考える契機とすることを主な目的として据えた。

　当初、実地形式で予定していたプログラムは表 5-1 のとおりである。全 10 日間の行程で、首都バンコクおよびチェンマイ、北部タイの山岳地域への訪問を予定していた。オンラインプログラムにおいても、当初の計画に沿った内容を取り入れた（表 5-2）。なお、スタディーツアーの実施に先がけ、タイの社会情勢に関する事前講義を 3 回実施している。

　オンラインツアーは SophiaGED による運営の下、Zoom により実施した。タイにおける連携先との調整、現地からの中継およびゲストスピーカーとのセッションのコーディネーター役を SophiaGED（担当者：新江梨佳）が担い、事前講義のファシリテーションおよび当日プログラムにおけるサポートを教員（有井晴香）が行う形で進めていった。

　オンラインツアーの参加者数は 2020 年度実施 11 名、2021 年度 9 月実施 16 名、2 月実施 10 名であった。なお、2021 年度 9 月実施分は 3・4 年生を対象としたものである。2021 年度 2 月実施プログラム参加者 10 名のうち、タイに渡航したことがある学生は 1 名であり、半数は海外への渡航経験がまったくな

表 5-1　タイ・スタディーツアーのスケジュール案

| 日程 | 行程 |
|---|---|
| 1 日目 | ・移動（函館 → バンコク） |
| 2 日目 | ・バンコク市内見学（開発エリア、マーケット等）<br>・バンコク市内国際機関・団体訪問（UNICEF、JICA 等）<br>・都市スラム支援団体（NGO シーカーアジア財団）・スラム地域訪問 |
| 3 日目 | ・バンコク市内学校訪問、日本語学習者との交流<br>・現地学生と合同でバンコク市内寺院見学 |
| 4 日目 | ・移動（バンコク → チェンマイ）<br>・チェンマイ市内見学 |
| 5 日目 | ・移動（チェンマイ → チェンライ県）<br>・地域支援団体（暁の家）訪問<br>　　タイ山地民地域が抱える課題と取り組みについて学習 |
| 6 日目 | ・暁の家　コーヒー農園にて農作業体験<br>・少数民族の村訪問、ホームステイ体験 |
| 7・8 日目 | ・少数民族の村におけるフィールドワーク実習 |
| 9・10 日目 | ・移動（チェンライ県 → 函館） |

表5-2 2021年度タイ・オンラインスタディーツアーの行程表

| 日程 | 活動内容 |
|---|---|
| 1日目 | 【イントロダクション】<br>・プログラムガイダンス<br>・タイとバンコクの紹介セッション<br>【バンコクの大学生との交流】<br>大学生との交流：自己紹介、言語・文化交流 |
| 2日目 | 【都市スラム・シーカーアジア財団：スラム地域支援に学ぶ】<br>・バンコク市内クロントイスラム地域概要、映像での訪問<br>・支援活動紹介<br>・学生内グループトーク、スタッフの方とのQ&Aセッション |
| 3日目 | 【北部タイ・暁の家：山岳民族支援プロジェクトに学ぶ】<br>・北部タイ地域・山岳民族の方々の暮らしの紹介<br>・暁の家ツアー、プロジェクトの活動紹介 |
| 4日目 | 【山岳地域の大学生との交流】<br>・ザビエルラーニングコミュニティ（XLC）の学生による学校・地域紹介<br>・文化交流、村のホームステイプランニング |

かった。

　ここでは、2022年2月（年度は2021年度）に実施したツアーをもとにプログラムの大まかな流れを説明する。初日は、SophiaGEDタイ人スタッフによる国紹介の導入セッションに続き、バンコク周辺地域のタイ人大学生との交流セッションを行った。全体で事前に用意していたスライドを用いながら自己紹介を行い、そのあとZoomのブレイクアウトルーム機能を活用し、グループワークに取り組んでもらった。日本人学生1～2人とタイ人学生1人でグループをつくり、お互いの言語と文化に加え、任意のトピックについて話をしてもらった。

　2日目は首都バンコクのスラム地区において教育支援を行っているシーカーアジア財団への訪問中継を行った。スラム地区の街歩きの動画の配信をとおして、スラム地区の日常生活の様子を学んでもらった。図書館事業をはじめとするシーカーアジア財団の取り組みの説明に加え、同財団が女性の経済的自立支援を目的に展開するクラフト事業FEEMUEの活動について紹介し、インター

ンとして現地で活動する日本人大学生との交流も行った。スラム地区における
支援活動事例の説明を聞いた後、グループディスカッションを行った。

　3日目は中継先を地方部のタイ北部チェンライ県へと移動し、30年以上にわ
たり山地民の子どもたちに対する教育支援を行ってきたルンアルン（暁）プ
ロジェクトの活動について、活動実践者との対話や、プロジェクトの施設「暁
の家」の見学ツアーを通じて学んだ。タイ北部地域の山地には多数の少数民族
が暮らしており、非タイ系民族の総称として山地民という名称が用いられてい
る。18世紀以降、周辺地域から移住してきた人々であると考えられる。近年
では、国籍取得が促され「タイ人」としての統合が進められてきたが、一方で、
各民族の独自の文化は貴重な観光資源として位置づけられている。

　4日目は同じくチェンライ県に位置する高等教育機関ザビエルラーニングコ
ミュニティの同世代の学生との交流を行った。学生の多くは山地民である。学
校の紹介映像と、山地民の一つアカ族の村を紹介する映像を鑑賞したのち、学
生交流セッションを行った。交流セッションでは、日本人学生が山地民の学生
の家にホームステイすることを想定して、ペアで計画作りをするワークに取り
組んだ。

　毎日のプログラム終了後には振り返りの時間をとり、意見の共有を行った
のち、コメントシートへの記入をとおして自らの体験を文章化してもらった。
そして、4日間のプログラムの終了後、最終レポートを執筆してもらった。


## 3.　オンラインツアーでの学習に向けた工夫

　自己変容型の学びを目標とした海外体験学習をオンライン型のプログラム
としてデザインするにあたり、現地渡航型のプログラムで実際のフィールド訪
問を通じて体感できる学習要素を補完すること、および、オンライン型ならで
はの強みを見いだして活かすことの2側面を意識しながら、海外体験学習とし
て取り入れたい要素を実現させる工夫を試みた。

　とくに、①臨場感の持たせ方、②受け身にならない交流のあり方、③既存

の価値観の揺さぶりにつながりうる視点の提示の3点に関し、プログラム実践のなかで工夫した具体的内容とその意図を以下に示す。

## （1） 臨場感の演出

　まず検討したのは、現地の臨場感をいかに持たせるかという点である。

　先述のように、スタディーツアーの特性は、海外における非日常的な体験を新たな学習につなげていけるところにあり、学生にとっても「非日常的な場所」や「海外体験」はプログラムへ参加する大きな動機となる。実は、参加学生がツアーに応募した当初、現地渡航の実現可能性が不透明な状態であり、どのような実施形態となるかは確定していなかった。そのため、オンライン実施が確定した際、落胆した学生も少なくなかったようである。

　そこで、パソコンやスマホの画面越しでも、タイの現地感や実際に訪問しているかのような気分を演出する工夫として、多くの現地映像資料や現地からのライブ配信を取り入れることにした。

　映像資料は、訪問先や主要なスポットに関するものに限らず、日本からバンコク、バンコクからチェンライへといった間の移動に関しても、空港から飛行機に乗り込み移動する映像やバスの車窓の風景等をはさむことによって、共にタイを移動しているような感覚の演出を試みた。また、スラハのコミュニティ訪問のセッションでは、散策者の視線を意識して撮影した動画によって、自分が実際に歩いているかのような視点で映像体験することを可能にした。

　また、事前に収録・編集した映像の視聴だけでなく、オンラインツアー期間中にタイ現地サイドのコーディネーターが移動・現地訪問し、実際に現地の方と対話している様子や、共にフィールドを散策している様子を含めてライブ配信を行った。オンラインツアーの実施方法として、実際の移動や中継を行わずに各連携先とオンラインで接続することも考えられるが、本ツアーでは臨場感等の意図を含め、可能な形で訪問や現地中継を取り入れて構成した。

　現地コーディネーターは、フィールドと学生をつなぐ役割を担っており、学生にとっては、やや「身内」的な立場の人間として位置づけられる。コーディネーターが実際にその場で現地の人と、共にやりとりする様子をその関係

性も含めて目にすることや、コーディネーターの目や耳を通じて現地の様子を
リアルタイムに見たり聞いたりすることを通じて、フィールドを身近に感じた
り、自らもその場で関わっているような感覚を持ちやすくなることが期待され
る。

　その結果、学生からは「リアルタイムでつないでもらうことによって、自宅
にいながら最大限に現地の空気感を感じることができた。タイの暖かさが画面
越しに伝わってくるようで2時間ずっとワクワクした」「オンラインツアーで
あっても、現地に行っているかのような感覚を持てた」といった感想が聞かれ
るなど、当初の落胆をくつがえすことにある程度、成功したといえよう。

## （2）　共時性を重視した交流

　次に、オンラインツアーにおける現地の人々との交流による学びの機会の
創出や、それらを深めることへの工夫を挙げる。

　現地での生の体験要素を持つことが難しいオンラインツアーにおいては、
オンライン上での現地の人々との対話・交流が、学習機会としてより大きな割
合を占める。本ツアーでは、何よりも相互交流の機会を重視し、学生が受動的
な姿勢で画面を眺めているのではなく、積極的に参与していくことを促すよう
な仕掛けを取り入れた。具体的には、チャットボックスの活用等によるリアル
タイムでの相互のやりとりのファシリテート、および、Zoomのブレイクアウ
トルームの機能を用いたペアや少人数グループでの交流機会の設定である。

　まず、現地の方をゲストに迎えてのブリーフィングや現地からのライブ配
信によるセッションでは、学生に対してチャットボックスを積極的に使って質
問や気づきを随時コメントとして入れるよう促し、現地のゲストスピーカーや
教員・現地コーディネーターが適宜それらに対応、フィードバックしていっ
た。リアルタイムでコメントを入れることによって、現地の人々との間に限ら
ず参加学生同士でも時間と経験を共有することができた。またタイムリーに意
見交換をすることで、そこからさらに学びを広げることが可能となった。

　また、現地学生との集団交流のセッションにおいては、ブレイクアウト
ルーム機能を用いたペアや少人数グループでの交流の時間をメインの活動に

置き、学生が現地の人々と個別にじっくり時間をかけて直接対話する経験を持てるようにした。また、オンライン環境の中で言語の障壁を乗り越えつつ積極的に参与できるよう、グループ内の全員が必然的に発話することが求められるような活動やテーマ設定を工夫した。たとえば、山地民の学生とのペア交流では、「村でのホームステイの計画を立てる」というミッションを設定し、現地の環境や日常生活に関する情報を話題に一対一で対話をしてイメージを共有しながら、一日の過ごし方の計画を作り上げてもらった。対話や共同作業の過程を通じて、地域と交流相手に対する理解を深め、学生がそこからさまざまな気づきを得る機会となることにも期待した。

このように、セッションごとに適した形で、学生が直接現地の方とのリアルタイムの相互交流から学ぶ機会をつくることを目指した。学生からは、次のような感想も聞かれた。

> タイには一度行ったことがありましたが、有名な観光地ばかりを親戚の案内で見て回っただけだったので、現地の方たちとの交流はほとんどありませんでした。そのため今回のプログラムでは、オンラインでの開催でしたが、実際にタイを訪れた時よりも、より密に現地の方と交流ができたと思います。

## （3）フィールドの多様な側面や視点の提示

先述のように、海外体験学習、とくに自己変容型の学びを目指すスタディーツアーでは、フィールド経験や他者との交流をとおして既存の価値観に揺さぶりをかけることが鍵となる。学生一人ひとりにまんべんなく自己変容を促すことは決して容易ではないが、一つの工夫として、タイに関する多彩な側面・視点を随時提示していく構成を試み、学生がオンラインで見聞した事象と各自の既成概念を突き合わせる機会をつくり、気づきにつなげていけるようにした。

タイをフィールドとした学びには多様な観点が存在しうるが、本ツアーでは、都市部および農村部における多様性と地域支援のあり方について学ぶことを軸として、全4日間のうち前半2日を都市部のバンコク、後半2日を地方農村部のチェンライをフィールドに展開した。発展する首都バンコクの様子と山

地民の人々が多く暮らすチェンライ県との異なる側面にふれることや、バンコクの中でも比較的富裕層にあたる大学生との交流と都市スラム訪問からの学びを複合して考えるなど、タイを多面的に理解・検討できるよう異なる側面や視点の取り入れや提示を試みている。

　移動時間等も含め現地の様子を偶発的に観察・体験できる渡航型のスタディーツアーと異なり、オンラインツアーでは実践者が設計・準備して提供するものが参加者のふれる事象を規定しやすい特性がある。そのなかで、学生の思考や自己変容につながる省察を促せるようなプログラム設計は容易ではないが、工夫の必要性および余地が多くあると考えており、学生の学びの様子を注意深く捉えながら検討・実践を重ねている。


## 4.　学生の気づきと変容

　それでは、オンラインツアーをとおして学生たちは実際にどのような学びを得ていたのだろうか。本節では、2021年2月に実施したツアーへの参加学生による毎日の振り返りシートと最終レポートの記述および、2022年8月に実施した振り返りアンケート調査（参加学生10名中7名が回答）の結果をもとに述べていく。


### （1）　フィールドへの関心の向上

　　　自然とタイの文化についての動画を見たり、タイではどうなんだろうと調べてみたりしている。（Aさん　2日目コメントより）

　スタディーツアーへ応募したときの参加希望理由として、タイ社会に対して強い関心を抱いていることを挙げた学生は一人もいなかった。タイに限らず「東南アジアへ行ってみたい」という理由を挙げた者もいたが、多くは国際協力に対する関心から関連機関への訪問機会があることをツアーの選択理由としていた。また、ツアーの実施形態に関して、コロナ禍の対応方針を明確に提示

し、オンラインであっても渡航形式と同様の内容を確保していた点を好んだ理由もみられた。つまり、参加学生は実施形態と開催時期、負担費用とプログラム内容を踏まえて選択しており、タイという地域社会への関心はそれほど高くなかったといえる。

　タイの学生との交流や、リアルタイムの動画配信をとおして、タイへの関心が徐々に高まっていった様子がコメントからはうかがえた。全体のプログラムの時間が限られているからこそ、より深く知りたいと思うことや物足りない部分が出てくるため、そうした物足りなさを補うべく、自ら調べてみようという意欲につながっていたのではないだろうか。こうした関心は一過性のものではなく、ツアーの半年後に実施した振り返りのアンケートにおいて「なにかとタイについて調べることが多くなった」という記述もみられた。

　また、タイ社会への関心の高まりと、実際に交流した人との出会いを通じて、いずれ自分で実際に訪れてみたいという強いモチベーションを生み出してもいた。半年後のアンケートでは回答した 7 名中 5 名が「タイを訪問したいと思うか」という問いに対して「とてもそう思う」、2 名が「そう思う」と肯定的な回答をしていた。コロナ禍が継続している状況にあって、2022 年 8 月時点で実際にタイに渡航した者はいなかったが、具体的にタイへの渡航を計画している学生もいた。

　こうしたことから、オンラインツアーは渡航のモチベーションを上げるという点においても、海外体験への入門プログラムとして有効であるといえよう。

### （2）　想定の省察

　先述したように、自己変容型の学びにおいて省察がポイントとなるが、スタディーツアーを通して、学生たちはどのような省察を行っていたのだろうか。本ツアーでは、思いもよらない出来事との遭遇が省察を促すきっかけとなると考えられるため、学生が活動にただスムーズに取り組むことよりも、むしろ困難や混乱に直面するような部分を重視した側面がある。たとえば、学生間の交流セッションにおいては、教員は見守りつつも、極力コミュニケーション

に介入しないようにした。正確な意思疎通をすることよりも、試行錯誤しながらコミュニケーションをとろうとすることを学んでもらうためである。それでは、タイ人学生との交流を通して学生たちはどのような気づきを得たのだろうか。

　　母語の次は英語というわけではないようで勝手に英語で話してしまった際に、日本語の方がわかると言っていて、驚きと同時に日本語を勉強していることへの嬉しさもありました。（Bさん　1日目コメントより）

　グローバル言語である英語が第二言語である、という想定はあくまで限定的なものであり、相手によっては互いに共通する言語が必ずしも英語とは限らないということに改めて気づくところである。英語が話せるということ自体には驚きを感じないのに、日本語を話せるということに対しては素直な驚きを感じるという事態そのものを相対化することにまでは至っていない。すなわち、「外国人ならば英語を話せるはず」という先入観をもっていたことを認識しても、なぜそのような先入観が形成されたのか、というところまでは省察が進んでいなかった。このような場合、事象に対して、納得するだけではなく、その先に考察を進めるところまでを教員がより積極的にファシリテートしていくことが必要となろう。

　　日本の文化を紹介する際に、自分が住んでいる国であるにも関わらず、うまく説明できなかったことがとてももどかしかったです。日本の文化を伝えるためには、他の国の文化を知っていないと、それが日本独自の文化であるということも認識できないのだと気付かされました。自国のことを理解するためには、他国のことも知らなければならないと思います。（Cさん　1日目コメントより）

　日本の文化についてうまく説明できずに、もどかしい思いをしたことを綴った学生は多く、自国についての知識を深める必要性について言及することがほとんどであった。ここでのCさんのコメントは、自分が住んでいる地域についてなぜうまく説明できなかったのかという理由考察を含んでいる点において、「想定の省察」に結びついている。うまくできないというジレンマか

ら、その背景と乗り越えるための方策について考えをめぐらせるなかで、異文化について学ぶ意義について積極的に考えようとする思考につなげることができていた。

> 今まで持っていた認識を改めたりしようとする姿勢を持つことができた。(Dさん　最終レポートより)

Dさんは、日常生活において無意識のうちに構築される考え方を見直すきっかけとしていた。こうした先入観の問い直しの強いきっかけとなっていたのは、2日目のスラム訪問プログラムである。スラムとは、身近ではない遠い地域の話であると考えがちであり、それゆえにより異次元の世界のように感じてしまっている側面がある。2日目プログラムの冒頭において、スラムのイメージをチャットボックスに打ち込んでもらったところ、「不衛生」「治安が悪い」「食べ物がなく、毎日生きることすら必死」といったネガティブな表現が並んだ。このように当初はネガティブなイメージが強かったのに対して、スラムの散策ビデオと、現地で活動しているインターン生の話を聞くなかで、学生の認識は大きく変化していた。すなわち、単にスラムに対するイメージが変化しただけではなく、日常的に、無意識のうちに先入観や偏見をもって物事を見ている自分を相対化することにもつながっていたのである。

## （3）　行動変容の可能性

> 自分が関われるものを見つけられたことが嬉しくて、もっと探してみたいとか、関わってみたい、自分の活動範囲を広げたいと意欲が湧いてきました。(Eさん　全体コメントより)

> 自分の大学生活や今後の人生に対して可能性を感じた。自分は堅実に、安定した暮らしで生きていきたいと思っていた。そのため、いままでは留学や海外インターンシップ、海外移住など、リスクが考えられることはしようと思っていなかった。だが、心のどこかにはやってみたいという憧れがあったのだと思う。その憧れの気持ちを今回のスタディーツアーで思い出すことができた。(Fさん　最終レポートより)

　スタディーツアーに参加する学生は大学2年生の終わりという大学生活の折り返しの時期にある。入学時に抱いていた志や、学びへのモチベーションを維持・向上させている学生もいれば、新しい生活のなかで徐々に学びの目的を見失い、漫然と日々を過ごすだけになってしまう学生もいる。そうした時期にスタディーツアーをとおして、自己を見つめ直す契機とするためには、先の省察が一つのポイントとなる。半年後のアンケートにおいては、スタディーツアーをきっかけに新しく取り組み始めたこととして「海外のチャット等のコミュニティに参加するようになった」といったことが挙げられた。

　さらに、本スタディーツアーにおいて学習経験の振り返りと主体的な学びへの態度を構築・強化していくもう一つのポイントとして、ロールモデルの提示がある。日々の生活においては、自ら積極的に動かない限り人的ネットワークの広がりには限界がある。そこで、スタディーツアーをとおして、日常ではなかなか出会うことがないような人たちの、いわば「生き方」にふれることを重視した。

　　　タイで活躍する日本人の方を知り、ただ大学を出て企業に就職して働くという
　　生き方だけでなく、今からでも様々な道を選択できるということを感じ、自分の
　　未来の選択肢が広がったような気がします。（Cさん　最終レポートより）

　ロールモデルの発見によって、ただちに将来設計が変わるというわけではないが、具体的な行動指針を得ることや、選択の幅を広げることにつながる。何がしたいのか、何ができるのかを問い直していくことで、行動変容へと導かれていくものと考えられる。


　　おわりに

　本章では、オンラインスタディーツアーの実施概要について述べ、オンラインならではの工夫を行うことで、学生の変容を促す契機となることを示した。ただし、本来のスタディーツアーの目的からすると、フィールド学習に

おいて肝となる「違和感」に関する記述がほとんどなく、そうした感覚を養う
ような仕掛けは依然として大きな課題となる。学生が違和感を覚えなかった原
因がオンラインという形式にあるのかについては、さらなる検討が必要となる
が、こうした課題や限界を踏まえても、オンラインプログラムが異文化体験へ
の誘いとして効果的であることに変わりはない。主体的に学ぼうとする意識変
容を促し、関心を広げ、行動変容へとつなげる契機として、オンラインツアー
は十分な可能性をもつ。

　ただし、今回のスタディーツアーではモチベーションこそ大きく向上する
契機になってはいるものの、具体的な活動につながっていたのかどうかについ
ては、さらなる検討が必要となる。スタディーツアーが終わった直後の興奮を
その後の活動にただちに接続できていない場合、活動へのモチベーションは心
の奥底へと沈み込んでしまいかねない。そのため、モチベーションを持続させ
るような後続プログラムについても検討は必要であろう。

　本章の執筆時点においても、コロナ禍は収束をみていないものの、ウィズ
コロナの時代にあって、一進一退の状況ではあるが徐々に移動の制限は緩和さ
れつつある。当初は、あくまで代替プログラムとして実施されたものであった
が、海外体験学習への誘いとして有効なプログラムであることが今回の経験を
通じて明らかとなった。現地渡航型の場合、学生の負担額は20万円超を予定
していたが、オンライン型においては学生の負担額はなく、経済的な側面での
利点は大きい。

　今回は、何よりもコロナ禍において感染防止対策が重視される状況であっ
たため、各自のスペースから接続してもらい、別々の空間をつなげる取り組み
であった。しかし、場合によっては、参加学生が同じ空間に集まるようなハイ
ブリッド式で実施することで、さらなる学びの広がりを探ることも可能である
ように思われる。また、オンラインツアーの展開を考えるうえで、日本の大学
で行われている海外体験学習は、「日本人学生が海外に行って学んだり、ボラ
ンティア活動をしたりするという、見方によっては『自国中心主義』の側面が
あった」(秋吉ら　2021：49) という指摘は示唆に富む。

　近年、タイでは北海道観光が人気を博しており、今回のオンラインツアー

においても、タイ人学生の北海道への関心の高さがうかがえた。そこでたとえば、道南地域をフィールドとしたツアーを海外の大学向けに学生が企画・実施するようなプログラムも考えられるだろう。こうした新たな展開を視野に入れながら、今後も継続してオンラインツアーの可能性を探っていきたい。

### 引用・参考文献

秋吉恵・小峯茂嗣・藤掛洋子・磯野昌子・田中治彦（2022）「海外体験学習における第3の道：オンライン実践 — コロナ禍で実施された NGO との協働事例から —」『立命館高等教育研究』第22号、37-54ページ。

石川敬之（2020）「海外スタディツアーの類型化と参加学生の自主的な学び」『北九州市立大学国際論集』第18号、89-104ページ。

中山京子（2018）「短期海外体験プログラムの参加者のその後 — グアム・スタディツアー参加者の3-7年後の姿を追う」村田晶子編『大学における多文化体験学習への挑戦 — 国内と海外を結ぶ体験的学びの可視化を支援する』ナカニシヤ出版、188-203ページ。

藤原孝章・栗山丈弘（2014）「スタディツアーにおけるプログラムづくり —『歩く旅』から『学ぶ旅』への転換」『国際理解教育』第20号、42-50ページ。

箕曲在弘・二文字屋脩・小西公大編（2021）『人類学者たちのフィールド教育 — 自己変容に向けた学びのデザイン』ナカニシヤ出版。

Mezirow, J.［メジロー］（1991）*Transformative Dimensions of Adult Learning*, San Francisco: Jossey-Bass.（金澤睦・三輪健二監訳（2012）『おとなの学びと変容 — 変容的学習とは何か』鳳書房）

# 第 **6** 章

# 持続可能な地域づくりを目指した実習教育の展開

―「地域滞在型インターンシップ」によるエンパワメント実践―

齋藤　征人

## は じ め に

　わが国を取り巻く問題に人口減少、少子高齢化がある。たとえ他地域からの移住を促進しても、結局はパイの取り合いにしかならない。それぞれの地域の特性を生かして持続可能な地域をつくっていくためにはどうしたらよいのか。近年、ふだんなじみのない地域に一定期間滞在し、就業活動を行う地域滞在型のインターンシップが、多くの大学で試みられている。地域外の若い力を活用することで地域の活性化になり、関係人口増にもつながるとあって、受け入れる地域の側にもメリットがあるようだ。

　北海道教育大学函館校ではソーシャルクリニック・モデル[1]を提唱している。地域の課題解決について、地域と大学が一緒になって処方箋を描く取り組みである。ここでいう大学とは、大学教員による専門的な知識の教授だけを指すわけではない。学生も授業の一環として生きた教材としての地域課題に学ぶ。地域課題に向き合うことは、学生にとってはいわばナマモノを扱うようなものである。料理しやすいようにパッケージングされた地域課題ではなく、生の現実に直面するため、そこから得られる気づきや学びは大きい。

　他方、地域にとってはどうか。その地域になじみのない学生が一定期間暮らし、住民と一緒に地域課題の解決に取り組もうとするその姿勢に、住民たち

は改めて自らの地域の課題に向き合おうとさせられる。また、学生たちによる解決策の提案はたとえ描くとも地域に受け入れられ、実行に移されやすい。こうした交互作用が、ソーシャルクリニックによるささやかな「治療」効果の一つと言えよう。

　本章においては、ソーシャルクリニック・モデルを汎用化した取り組みの一つとして、学生による長期の地域滞在という関係人口を活用し、地域振興と持続可能な地域づくりを目指した実習教育の展開過程について、開始から3年間の試みを整理・検討するとともに、この実習を通じて学生と地域が共にエンパワメントするためのポイントについても若干の考察を試みたい。


## 1.　インターンシップ教育研究の現状

### （1）　大学による学生と地域住民の協働的学び

　文部科学省高等教育局高等教育企画課高等教育政策室（2021）によれば、国公私立の大学による地方創生の取り組みが38事例も紹介されており、学生が地域に一定期間滞在して課題解決等に取り組むフィールドワーク等も散見される。なかでも高知大学地域協働学部の取り組みは、地域との協働による地域活性化と学生たちの生きた学びの好循環が目を引く。

　高知大学地域協働学部は、地域人材の育成に特化した学部として2015年に創設された。地域の力を学生の学びと成長に生かし、学生の力を地域の再生と発展に生かす教育研究を推進することで、「地域活性化の中核的拠点」としての役割を果たすことが目的である。高知県全域を教育研究フィールドとし、実習科目を通じて地域住民とも協働して課題解決を図っており、そのような実習科目が1年次から3年次まで毎年続き、地域の現場を教室とした学びは600時間にも及ぶ。実習での知見は大学の講義によって整理され、大学の講義で得た知識は現場の実習によって確認される。学生が大学と実習地域とを往還しながら学びを深化させることがねらいだ。授業の一環で土佐山地域に入って住民と交流を続けている地域協働学部の学生が、地域で廃棄されている傷物のユズ

に注目し、土佐山ユズを使用した菓子等を開発・販売する事業計画案は一般社団法人未来農業創造研究会主催の「大地の力コンペ2020」の最終審査会で未来創造賞に選ばれたという。

　これ以外にもさまざまな事例が紹介されているが、いずれも地域との協働を目指す学生たちとそうした学生たちを迎えようとしている地域の各団体によるシナジーが、学生の生きた学びになり、かつ地域の活性化にも資することが期待されている。

## （2）　進みつつあるインターンシップ研究の蓄積

　インターンシップ研究や大学による地域連携活動に関する研究も、近年急速に蓄積が進みつつある。

　松高（2018）は、地域連携組織の実態を明らかにし、機能的に類型化するとともに、類型ごとの特徴をまとめ、地域連携組織が実施するインターンシップの特徴を明らかにした。また田中（2020）は、地方創生インターンシップ[2]を取り巻く社会環境や人材育成の現状を整理したうえで、3年間にわたって実施したプログラムを検証し、地方創生の手段たりうる「地方創生インターンシップ」を推進するための要件と課題を考察した。さらに今永（2021）は、地域の中小企業に対する地域創生インターンシップの特徴を明らかにするため、地域での実践事例調査とコーディネーターに対するインタビュー調査を実施し、インターンシップが地域創生の実現に向けて、多様な役割を果たすことができるコーディネーター人材の育成発展が重要であることを示した。

　他にも、正課外の活動として行う地域連携活動に関する研究として、高濱・今永（2021）は、地域外の学生が大学の正課外の活動として参加する「ふるさとワーキングホリデー」を事例とした調査研究の中で、地域で仕事を体験する「就労型」と、参加者が地域活動に貢献する「直接寄与型」のハイブリット型の方式によることで、送り手と受け手双方にコーディネーターが効果的に機能することを示した。

　また石谷（2017）は、北九州市立大学が正規の授業外で行う地域連携活動に焦点を当て、一年間の地域連携活動をとおして、学生がどのようにして社会

人基礎力を向上させていくのかという点を、学生が活動に取り組むなかで生じる心理的・行動的変化に注目しながら、その成長のきっかけとそれを促す仕組みについて検討した。その結果、①参加者が活動の初期段階でさまざまな問題に直面し、それらを克服するためには、上級生の存在が大変重要な役割を果たしている、②これらの問題を先輩からのアドバイスによって克服することで、視点の広がりや責任感、あるいは、帰属意識といった心理的な変化が生じる、そして、③行動面でも他者を思いやる気持ちから工夫を凝らした情報伝達行動やプロジェクト全体を見る目を持ちはじめ、活動する目的を深く考えることができるようになる――とした。

　ただ、正課の授業として行われるインターンシップ研究はいまだ蓄積が少ない。そこで次節では、正課の授業として実施されている地域滞在型インターンシップの事例とその展開のポイントについて整理したい。


## 2. 北海道教育大学函館校における地域滞在型インターンシップ

### （1）　地域滞在型インターンシップの科目概要

　筆者は、2019年より北海道教育大学函館校において3年次以上履修の研究発展科目「地域づくり支援実習」を担当している。この実習は、学生にとって生まれたり育ったりというようなふだんのなじみのない地域に一定期間（原則として10日間以上かつ90時間以上）滞在して、地域が抱える課題に関する就業体験を行うことによって当該地域の振興に必要な実践的能力を育成する地域滞在型インターンシップで、正課の授業であることも特徴の一つである。

　この実習は2019年5月から厚真町内での実習を皮切りに、2020年からは森町内、さらに2021年からは八雲町内、厚沢部町内での実習も開始したことにより、受け入れ地域は4カ所に上り、実習参加者も年々増加している。その背景には、地域に学生を迎え入れることで、より魅力的で持続可能な地域づくりにつなげたいとの地域の切実なニーズがあり、今後、地域の大学にはそうしたニーズに応える教育研究活動上の工夫がいっそう求められよう。

　また、類似する科目として 1 年次以上であれば履修できる「地域政策ボランティア実習Ⅰ（国内）」もあり、筆者も担当教員の一人である。この実習は、日本国内での社会貢献活動への参加をとおして、対人支援や組織運営および政策立案などに関する知見が得られたと認められる者に対して所定の単位を与えるもので、先の「地域づくり支援実習」同様に正課の授業である。必ずしも地域への滞在を条件とするものではないが、実習時間を最低 90 時間としていることから、「地域づくり支援実習」と同じ実習内容でも単位が取得できる。学生の中には 1 〜 2 年生のうちから地域滞在型の実習に興味を持ち、この科目の履修を希望してくる者も年々増えている。

　以下、函館校において地域滞在によって行われる「地域づくり支援実習」と、地域滞在の有無を問わない「地域政策ボランティア実習Ⅰ（国内）」について、「地域滞在型インターンシップ」と位置づけ、以下では両実習を合わせて「実習」と述べる。


## （2）　地域滞在型インターンシップの実施経過

### （ア）　厚真町内での実習

　厚真町は、北海道の道央部に位置し、苫小牧や千歳から車で 30 分ほどの、太平洋に面した町である。サーフスポットとして有名な浜厚真海岸には道央圏から多くのサーファーが訪れる。人口は約 4 千人、65 歳以上の人口割合は 36 パーセント（％）程度である。主な産業は、農業・林業・水産業などで、なかでも厚真町産のハスカップは有名である。実習開始は 2019 年で、同年に 6 名、2020 年に 4 名、2021 年に 4 名が実習に参加した。

　実習内容は、北海道胆振東部地震の被災地ということもあり、農家と連携した鹿柵再建をはじめ町内の放課後児童クラブでの活動支援を通じて地域における多様な教育活動にふれることによって、教育と地域づくりとの関係を学ぶことが実習の中心となっている。また、地元の椎茸農家での収穫体験なども継続的に実施され、こうした作業を通じた住民との信頼関係を基盤として、震災復興や地域振興、次の時代を生きる子どもたちへのまなざしなどを学ぶ。

　実習開始のきっかけは、NPO 法人 ezorock が北海道胆振東部地震発災直

後の支援活動から、被害の大きかった厚真町へ若者が継続的に関わる仕組みづくりを検討していたことに端を発する。大学生が厚真町へ滞在し、多様な教育の現場と災害復興からまちづくりへの変化を体感することが、地域と大学の双方にメリットの大きい取り組みになると考えたためである。そのため厚真町内での実習では、教育をはじめ

図6-1　厚真町内でのディスカッションの様子

とする多分野において、一業種一主体ではなく、多岐にわたる主体がそれぞれに役割を持ちながら関わっている。教育現場における関係者の葛藤、学校教育以外の地域での教育に携わる人々の考えや災害復興への住民の想いなど、きれいごとではない現場ならではの学びを得てほしいと考えているからである。

実習中は、経験をとおして感じたことを、他の学生と振り返り、共有するためのさまざまな工夫がNPO法人ezorockによって試みられている。たとえば、学生一人ひとりの関心や考えを共有し、皆同じではなくそれぞれの切り口で考えを深められる実習にしてほしいと、落書きノートの設置や、振り返りミーティングの運営サポートなどを行っている。

（イ）　森町内での実習

森町は、北海道の南西部に位置し、函館から車で1時間ほどの、太平洋に面した町である。1914（大正3）年に開設された青葉ヶ丘公園にはソメイヨシノの古木をはじめ約千本もの桜が植えられ、5月の桜まつりの期間中は、毎年20万人を超える花見客でにぎわう。人口は約1万4千人、65歳以上の人口割合は39％程度である。主な産業は、農業・林業・水産業などで、1941年の誕生以来、函館本線森駅の駅弁として親しまれてきた「いかめし」は全国的にも知られている。実習開始は2020年で、同年に5名、2021年に5名が実習に参加した。

実習内容は、森町役場が受け入れの主体となることで、行政事務と町の状況を知り、移住・定住、木育、情報発信といった具体的な地域活性化と社会

課題の解決手法を実践することを通じて、行政の役割と地域課題の発見・解決といった一連の仕事を体験することである。そして大学と行政が連携して地域における雇用の創出に取り組むことを最終的なテーマに掲げている。

図6-2　森町内でのレンタル自転車試乗体験の様子

実習開始のきっかけは、2020年に森町と北海道教育大学函館校との間で雇用創出支援に関する協定を締結し、若者定着促進を目指して連携事業を開始したことである。貴重な学生生活の時間の一部を森町で過ごしたことに起因する関係性の構築や、森町のファンとなってもらうことで生じる都市と地域の心情的・経済的な好循環を形成しうると考えたためである。

実習中は、コミュニケーションの頻度、深さが重要視された。実習担当者は一人ひとりの個性を早期に把握して、それぞれの特性に合わせた報告・発表の仕方となるようにバランスをとってくださり、長所・短所の指摘も多く行われた。同時にメンタルケアにも気が配られ、メールや対面による疲れ具合の把握にも注力された。加えて、さまざまな学生たちの提案に対して、実習担当者らが本気になっている姿勢をみせることが何より大切だと、常に真剣に向き合ってくださった。地域から本気で必要とされるような実践力のある学生の養成のため、職員や町民とのコミュニケーション、課題の発見、解決手法の提案、マーケティング、自分なりの考え方を落とし込む企画力など、参加した学生に実践的な能力開発を通じて即戦力となりうる「使える技術」を提供することで、他地域での実習と差別化した。

（ウ）　八雲町内での実習

八雲町は、北海道の南西部に位置し、函館から車で1時間半ほどの、太平洋と日本海の両方に面している、日本で唯一2つの海を持つ町として知られる。人口は約1万5千人、65歳以上の人口割合は36%程度である。主な産業は、酪農業・農業・水産業などで、北海道木彫り熊発祥の地としても、近年注目を

集めている。実習開始は 2021 年で、同年に 4 名が実習に参加した。

　実習内容は、町内の官民出資による株式会社木蓮が受け入れの主体となることで、廃校となった小学校跡施設をリノベーションして、地域に新たな交流拠点をつくる取り組みへの参加である。「ペコレラ学舎」と名づけられたこの施設で、全国から集まったボラン

図6-3　八雲町内でのブランコづくりの様子

ティアたちと一緒にコワーキングスペースやキャンプ場、図書室などを整備している。

　実習開始のきっかけは、株式会社木蓮の取締役で廃校プロジェクトのリーダーに、筆者から地域滞在型インターンシップの学生受け入れの可能性について相談したことである。実習期間をフレキシブルに対応してもらえることや、滞在費用がほとんどかからないこと、すでに全国からの若者たちを酪農業・農業・漁業体験等のユニークなコンテンツで、長期滞在として受け入れてきた実績があることなどから、多様な学生のニーズを包含した実習プログラムの提供が可能となると同時に、八雲町民ではない学生たちの滞在によって八雲地域の振興にもつながるとして実習先に加わることになった。

### （エ）　厚沢部町内での実習

　厚沢部町は、北海道の南西部に位置し、函館から車で 1 時間半ほどの、渡島半島の内陸に位置する町である。近年「保育園留学」などのユニークな移住・定住の取り組みが注目を集めている。人口は約 3,500 人、65 歳以上の人口割合は 43% 程度である。主な産業は、農業・林業などで、楕円形のじゃがいも「メークイン」発祥の地として知られる。実習開始は 2021 年で、同年に 6 名が実習に参加した。

図6-4　厚沢部町内の宿舎をドローンで撮影

実習内容は、地元の農業団体である厚沢部農楽会が受け入れの主体となることで、農業体験をメインに据えながら、町内の中学校生徒との交流授業や、厚沢部町役場政策担当からのヒアリング・意見交換など、教育やまちづくりを考えるきっかけも提供されている。

実習開始のきっかけは、厚沢部町内の基幹産業である農業が、近年、労働力不足等の課題を抱えていることである。学生たちに農作業ヘルパーとして手伝いをしてもらいながら、学生ならではの新しい視点でまちづくりおよび農業への提言をしてもらおうと受け入れを決めた。厚沢部農楽会は、2014年より農作業ヘルパーの受け入れを始め、2021年時点で8年目の取り組みとなる。これまでの取り組みから会員の農家、宿舎等受け入れ体制が整っていたため、実習期間や内容は参加学生の希望を最大限尊重して受け入れを行うこととなった。

### （3） 地域滞在型インターンシップの展開のポイント
#### （ア） 多様な協力者によるシナジーと学生の開花

多様な学生を包み込む包容力に多くの受け入れ地域は長けている。大学のなかでは開花できない学生たちも、そういった実習担当者や地域の協力者たちに委ねられる。言うまでもなく地域づくりとは特定の分野の人たちの仕事ではない。多様な分野の協力者によるシナジーによって、地域づくりはいっそう豊かになる。

学生の側の多様性も大切だ。この実習は卒業必修科目ではない。むしろ有意義な実習であろうとすればするほど必修でないほうがよかろう。学生が自分自身で手を伸ばして実習というチャンスをつかもうとする主体性に、この実習のチャンスが開かれている。実習に手を挙げる学生のなかには、大学では本来の自分が開花していない学生もいる。しかし、実習に出ると、自分を客観的に見つめざるをえず、長所や短所を含めて自己覚知しやすくなる。同時にふだんの生活で本来持っている自分を発揮できずにいる理由や、阻害要因にも気づくことができる。

この実習には、ふだんの生活から時間的にも空間的にも一時的に離れ解放

されることにより、本来持っている自分の強みが開花する瞬間がある。何かしたいのだけれどそれが何かわからないというような目的意識を明確化できていない学生は、一般に「意識が低い」と評価されがちだが、むしろそういう学生ほどこの実習は適合しやすい。またそんな学生を地域は「おもしろい」と受け入れてくれている。

　（イ）　カネをかけずに知恵と工夫を引き出す

　実習の運営にはできるだけカネをかけない方法を模索している。そうせざるをえないという側面もあるが、そのことによって生まれる工夫がむしろ魅力的なのである。この実習では、食費や交通費、宿泊費など実習に必要な経費を原則として学生による実費負担としている。しかし、それらのすべてを学生から実費で徴収するとなると、長期滞在となるため学生が捻出できる費用の面で、現実的には履修ハードルが高くなる。そこでこの実習に関わる多様なステークホルダーが知恵を絞り、その工夫をできる地域が実習先になりうる。実際に多くの受け入れ地域では、学生に滞在費を求めないばかりか、滞在中の食費や大学と現地との往復についても、できるだけ学生の負担にならないよう工夫してくれる地域が多い。

　したがってこの実習は、学生・受け入れ地域・大学の3者が、いかに互いに過重な負担をせずに実習を成り立たせるかという工夫の宝庫と言ってよい。カネがないから地域の住民を頼ったり、誰かの強みにコミットしたりする。頼られた側は、頼られることによって引き出されるものが必ずある。そこから想定外の喜びや、さらなる活躍の舞台が拡張されていく。またこの地域にとってのメリットや価値、できることを探していく過程でその地域の魅力が引き出される。それは結果的に地域に還元され、地域を活性化する。ましてやカネがかかっていないため持続可能性も高い。

　互いにカネがかからない工夫をできる人たちだからこそ、学生たちを安心して委ねられる。そういう知恵と工夫がつまった地域との「幸福な出会い」は、先に述べた主体的な学生たちに対してのみ開かれている。

　（ウ）　現場のロジックを優先する

　新たな実習先の開拓のために、科目担当者として筆者が日ごろから心がけ

ていることは、いろいろな人に出会い、つながり、その人の話を聞くなかで、共感し合えるところを探すことである。互いの知恵を重ね合わせていく過程で、学生を委ねられる状況をつくることができれば、それ以降はできるだけ大学のロジックを持ち込まないようにしている。それは無責任に学生を「地域に丸投げする」という意味ではない。受け入れ地域の住民たちが、学生たちのために協力したい、自分たちなりの「まちづくり」観について教えてあげたいと考え、まさにその力を発揮しようとしているところに、「〜してくれないと困る」などと安易に邪魔をしないという意味である。いわばその人たちの「舞台」を汚さないようにしている。

　では、はたして筆者の役割は何か。実習前までに学生たちのモチベーションを高め、前向きな気持ちで実習に取り組めるようにすることである。学生たちは実習目標・計画の作成や事前学習の過程で、実習がおっくうになったり、自信がなくなったりするものだが、不安感をできるだけ取り除き、前向きな気持ちで、ある種の期待感を持って実習に赴くことができるよう支持的に関わる。たとえどれだけ準備したとしても勉強不足は当然である。ただ、どんな現実からでも学びはある。そういった現実から学ぶ力、実践から得られる教訓的な知識（実践知）を獲得してくるように働きかける。

　それぞれが本来持っている力を、大学という限られた時間・空間では発揮できずにいる学生たちである。また、学生たちを受け入れる地域は、学生たちにとって意義あるプログラムをと工夫する一方で、どうしたら地域の側にも新たな価値が生まれ、未来に残せるのかを考えている。同時に、地域の課題に向き合い格闘する学生たちの存在が、受け入れ地域の側にも改めて地域づくりについて考えるという「支援」をも提供している。

　（エ）　win-winの仕掛けで持続可能な地域づくりに貢献する

　たとえば、ある地域の実習内容が農作業の場合、言うまでもなくアルバイト料等の対価は支払われないものの、その代わり実習で必要となる学生たちの滞在費や交通費の一部を支援するなど、学生の負担軽減が図られている。また、コロナ禍で町内の経済が停滞しているからと、学生たちの宿泊代を全額負担してくれるという自治体もある。学生にも受け入れ地域にもwin-winにな

るような仕掛けを多様なステークホルダーが考え、工夫しながら、この実習が進められている。地域の課題解決と、それによって学生が体験し、得られることのバランスが大切だ。

　実習受け入れのために担当者や地域側が無理をしていると長続きしない。そのため、実習担当者による関係各所との事前調整の段階で、地域にとって価値があり、結果的に学生の学びになる切り口やポイントが考えられることになる。お互いにこの取り組み自体に「利」がなければ、やはり、カネが必要だという議論になってしまう。そのため余計に、互いの得意分野と「利」をそれぞれが意識し合うのだ。

　このようにカネをかけない代わりに現場の工夫が引き出され、ごく自然にワクワク感が生みだされる。そうしたワクワク感は、実習が行われた年度の2月に開催される実習報告会などでにじみ出る。決して楽な実習ではないではないが、「楽しかった」「帰って来たくなかった」と振り返る先輩たちの姿が、次年度以降、この実習に行ってみたいと考える学生を増やす。学生と受け入れ地域が有意義な時間と空間を組織して実習を終えてくることが、次の世代の前向きなモチベーションを再生産するのだ。そうした関係人口を持続的に生み出す循環は、たとえささやかでも持続可能な地域づくりに貢献できる。

### （オ）　実践の可視化を促進する仕掛けづくり

　こうした実習を経て、はたして学生たちは劇的に変化したか。実習に来て何かが「わかった」のではなく、「わからなくなった」と言う者も少なくない。しかし、目標を立てて、計画どおりに行く実習にだけ意味があるわけではない。実習に行って事前の想定が覆った、自分が何もわかっていなかったことがわかった、自分を客観的に見つめ直す機会になったなど、そうした臨床的な気づきや大切な学びもこうした実習の重要な意義と言えよう。「わからなくなった」からこそ、そこからの学びがある。実習が「学びの始まる場所」であってよいのである。

　だからこそ実習担当者には、学生の振り返りと意味づけにはしっかり付き合ってもらう。そういった環境や機会の設定は実践知の形成に有効だからである。なじみのない地域に2週間近く滞在しながら、学生たちは同じ時期に実習

に入った仲間たちと文字どおり「寝食を共に」生活することになる。日々の実習後は、宿舎に戻って自分たちで作った食事をとったり、各自入浴や洗濯をしたりするが、就寝までの間には、その日の実習を振り返る時間がある。自らの体験や気づきを仲間に伝えるべく懸命に言語化することで、学生たちは自分の学びとは何かを常に自問し、その葛藤から己の勉強不足をも痛感している。

　こうした思考の過程については、前日の実習日誌として、毎朝8時30分までに実習担当者と科目担当教員である筆者にメールで報告する約束になっている。振り返りと言語化を促進すること、つまり、実践を可視化しやすい環境を用意することが、実践知の形成に大きく寄与するからである。


## 3.　学生と地域が共にエンパワメントするために

　実習担当者は、学生たちに実習目的を伝えたり、議論したり、それを伝えたときの反応を見るなどすることで、ふだん当たり前に行っていることを見直し、議論する貴重な機会になっている。また実習後も、学生の振り返りや報告から、気づきや学び、成長を実感するとともに、なかには、教員志望の学生にも対応できるよう、学生の希望によっては町内の学校等との関わりを増やそうと考える受け入れ地域もある。

　また、何より学生が本気で取り組んでいる様子と成長していく姿は、地域の側に感動を与えている。2週間もの間、学生と一緒に行動を共にする実習担当者の中には、心が通う社会人の「仲間」となっている気がすると語る人もいる。だからこそ、より学生が達成感を味わえる実習に、また学生の提案が実際に実行・実現するような仕掛けも考えたいという。学生が実習以外にも、実習地域を訪れる機会の創出や、学生目線で生活しやすいと感じられる環境づくりを進め、実習以外での学生の自発的な訪問やチャレンジが生まれる地域づくりを意識したプログラム作りが必要だ。そのためには学生の発想を受け止め、良いものを創り出すための地域の本気度を示すことや、学生に「お客さん」として接するのではなく、プロジェクトメンバーの一員として高いハードルに一緒

に挑む姿勢を持てるような受け入れ地域の覚悟も必要である。

　人口減少のスピードについては差があるものの、渡島・檜山地域のほとんどが人口の減少局面に入っており、休校や廃校といった措置がとられている。高校についてはほとんどの学生が函館市や札幌市へ転出し、卒業後に地域に戻ってくる人は珍しい。大学については道南では函館市と長万部町にしかキャンパスがない状況ゆえ、地元地域に暮らしながら大学に通うことも難しい状況である。このような状況のなか、学生が地域を訪ね、地域に学び、共に考えていけるような仕掛けは貴重である。

　今後の展望としては、どんな小さな町であっても学生が町内を歩いている風景をつくりだすことである。これはセンチメンタリズムではなく、現実的な商業分野での新たな市場開発や宿泊・飲食業界の需要拡大、一次・二次産業の担い手不足についての状況認識からの課題解決の手法の提案、新規商品開発の可能性の増加など、あらゆる面でポジティブな効果が期待できるだけでなく、何より、チャレンジングな取り組みをしている地域としてのPR効果と若者たちのチャレンジを後押しする地域としての可能性を広げることができる。

　仮に、受け入れ地域が積極的に予算を計上して、大学の附属機関やキャンパスの代わりに学習環境を提供し、学生たちに課題探究の手助けとテーマ設定、解決を共に考えていくシステムを構築することができれば、全国の事例を見ても稀有なことであり、この取り組みが渡島・檜山地域全体、あるいはさらに拡大していくことで先進的な事例にもなりうる。道南地域全体が「大学」といえるような、これまでの大学の概念を超えた新たな大学像を、地域と共に描いていきたいものである。


　　おわりに


　本章においては、ソーシャルクリニック・モデルを汎用化した取り組みの一つとして、学生による長期の地域滞在という関係人口を活用し、地域振興と持続可能な地域づくりを目指した実習教育の展開過程について、開始から3年

間の試みを整理・検討した。

　ソーシャルクリニック・モデルでは大学教員の専門性だけが地域を治療するのではない。本章で述べてきたように学生たちが地域の課題に向き合う姿勢によって、受け入れ地域のセルフケア能力が向上することが、ソーシャルクリニック・モデルの一側面であり、また学生たちによる地域に対する「地域づくり支援」と言えよう。このような取り組みを可能とするのは、受け入れ地域－地域住民との信頼関係、受け入れ地域－大学との信頼関係、科目担当教員－学生との信頼関係、それらを基盤とした丁寧な調整によることは言うまでもない。

　2021年までに4カ所、計19人となった実習参加者は、2022年は新たに木古内町、松前町、函館市南茅部地域の3カ所を加え、計27人となった。「地域を教室に」「住民を先生に」することを実際的に進めていくことが、学生と地域が共にエンパワメントできる道となろう。今回提示した実習教育の試み自体はいまだ発展途上であるが、多くの教員や地域の協力者による共感の輪を広げながら、地域の課題解決とともに社会人基礎力を持った人材養成を推進していくことを今後の課題としたい。


注
1)　ソーシャルクリニック・モデルとは、函館校が目指す地域と大学との協働モデルで、協働によって地域住民をエンパワメントし、地域の課題解決能力を高め、地域づくりを自律的に進められるようにすることを目的とした実践モデルである。
2)　地方創生インターンシップ事業は、東京圏（東京都、埼玉県、千葉県、神奈川県）在住の地方出身学生等の地方還流や、地方在住学生の定着を促進することを目的に、地方企業のインターンシップの実施等を産官学を挙げて支援するべく実施している取り組みである。

**引用・参考文献**

石谷百合加（2017）「学生の主体的な学習を促す地域連携活動の取り組み方に関する考察 ― より効果的な実践型教育の確立を目指して ―」『インターンシップ研究年報』第20巻、1-9ページ。

今永典秀（2021）「地域創生へのインターンシップ ― コーディネーターの重要性 ―」『日本労働研究雑誌』第733号、73-84ページ。

高濱優子・今永典秀（2021）「ふるさとワーキングホリデーを活用した地域創生インターンシップ — 岐阜県美濃加茂市における協働事例より —」『グローバルビジネスジャーナル』第7巻第1号、56-63ページ。

田中智麻（2020）「地方創生インターンシップを推進するための要件と課題 — 観光事業者での地域人材育成プログラムの実証から —」『日本観光研究学会機関誌』第31巻第2号、25-36ページ。

松高政（2018）「地域連携組織におけるインターンシップに関する実証的研究」『京都産業大学総合学術研究所所報』第13号、81-97ページ。

文部科学省高等教育局高等教育企画課高等教育政策室（2021）『地域で学び、地域を支える。大学による地方創生の取組事例集』

**謝辞**

　本章の執筆ならびに地域滞在型インターンシップの実施には、NPO法人ezorockの草野竹史氏・水谷あゆみ氏、森町企画振興課の蛯沢彰則氏、株式会社商舎の水山淳史氏、株式会社木蓮の赤井義大氏、厚沢部農楽会の荒木敬仁氏に多大なご協力をいただきました。ここに記して感謝申し上げます。

# 第7章

# ポイ捨てゼロの観光地を目指す心理学的探究
― 五稜郭公園の桜がもたらすポイ捨て抑制効果を探る ―

林 美都子

## はじめに

　本章では、北海道教育大学函館校・地域環境科学グループの認知心理学講座で約5年間行ってきたポイ捨て抑制研究の成果について紹介する。地域環境科学グループでは、講座単位で開講されている科学コミュニケーション演習や地域環境科学演習等の授業を通じて、日常の不思議を科学的な知見や研究成果へと系統的に整理し、地域や世界で実践活用することを目指している。

　まず、本章の前半では、ゴミのポイ捨ての定義や発生しやすい場所、関連理論等について簡単に確認を行う。そして後半では、多少の裏話を交えながら、認知心理学講座で実施された、ポイ捨て抑制看板や五稜郭公園の満開の桜が持つポイ捨て抑制効果に関する心理学的研究を紹介したい。

## 1. ゴミのポイ捨てとは

　まず、ゴミのポイ捨てとは何か確認しておこう。個人が、ゴミを捨ててよい場所ではないと理解しながら、価値を失った不要品をその場に意図的に置いて去ることをゴミのポイ捨てと呼ぶ。企業等の営利団体がゴミの処分費用を

浮かせる目的で行うような不法投棄行為ではないため、多くの場合は計画的というよりは、その場の出来心である。立て看板や録音放送等を活用して、適切なタイミングで効果的な内容の注意喚起が行えれば、ふと思いついたポイ捨ては、行動にうつす前に抑止できる可能性がある。意図的であるということも、ポイ捨ての重要な要素の一つである。落とし物や忘れ物とは違い、意図的であるからこそ、ポイ捨ては本人が意図的に止めることもできるはずだからである。

　やや紛らわしい例を紹介すると、ゴミ箱の中に適切に捨てるのではなく、遠くから投げ入れようとして失敗し、そのままにしたり（失敗行為そのものは意図的ではないが、ゴミを拾って捨てなおさないのは意図的な行為）、ゴミ箱の上やその周辺に意図的にゴミを置いていったりする行為も、ポイ捨てに含まれる。ゴミ箱の外側は、設置者が意図するゴミを捨ててよい場所とは異なる。ゴミ箱の外にあるゴミは、風にあおられたり動物についばまれたりして、遠くまで転がっていき、景観を汚染する原因となったり野生動物や子どもなどを害する原因となったりしやすい。

　また、ゴミのポイ捨てが問題となる背景には、捨てられた物体が捨てられたその環境では自然分解されない、もしくはされにくいことがあると思われる。たとえば、森の中の落ち葉は時間が経てばそのままその森の土の一部となるためゴミではないが、アスファルトで舗装された道路では落ち葉は時間が経ってもアスファルトになるわけではないのでゴミとして扱われる。したがって、ゴミのポイ捨て問題を解決するアイデアとして、どこに捨てても分解されてその環境の一部に組み込まれるよう、ポイ捨てされる物体や環境の素材等を工夫する方法なども考えられるが、本章ではこれは扱わないこととする。

## 2.　ポイ捨てはどこで発生するのか

　ポイ捨てに関する先行研究をひもとくと、多様な場所でポイ捨てが確認されていることに驚く。たとえば、河川（森・中俣　2020；新宮・中澤　2021）、海（中俣・阿部　2018）、海水浴場（四蔵　2006）、ため池（林・高橋　2001；2002）、農村（大西ら　2021）、道路（吉水ら　2019）、歩道（天野・村田　2001）、駅周辺（植田ら　2006）、公園（張ら　2003）、商店街（高橋　1996）、イベント会場（梶谷ら　2018）、野球場（高橋　1992）、観光地（村上　2017；橋本　1992；沖野　1984）などである。

　著名な観光地であり、素晴らしい山であるエベレスト（『ニューズウィーク』2014 年 4 月 22 日）や富士山（青木　2017）などでもゴミ問題が生じていることは、しばしばニュースになる。本章で取り上げようとしているポイ捨てとは異なるが、こんな場所ですらすでにという意味では宇宙ですらゴミ問題は生じており（樹・蔵永　2020）、地震等の被災地ですらポイ捨て被害からは逃れられない（窪田　2012）ことが報告されており、言葉にならない。

　このように、さまざまな場所におけるポイ捨てを取り扱う各種の研究がある一方で、どこにどの種類のゴミがどのようにどの程度ポイ捨てされているのかといった、ポイ捨ての基礎的かつ包括的な実態研究はあまりない。植田ら（2006）による千葉市の駅周辺における実態調査や村上（2017）による宮島島内におけるたばこのポイ捨ての実態調査など、特定の地域や特定のゴミ種に絞り込まれた研究は散見される。京都府亀岡市とソフトバンクが提携し、ゴミ写真を投稿すると LINE ポイントがもらえるキャンペーンを実施してポイ捨ての実態を明らかにしようと試みたところ、不正が横行してわずか 10 日間で終了してしまった（『京都新聞』2022 年 10 月 14 日）。立花ら（2022）は、ポイ捨て実態調査においてはプライバシーの問題やゴミ種別の認識問題などが立ちはだかることを指摘し、新たに音響を活用したゴミ種別認識システムの提案を行って、より包括的な実態調査への端緒を切り開こうとしている。

## 3. ポイ捨て抑制理論―"ポイ捨て抵抗感"をもたらすものは何か

　矛盾したことを言うようだが、前節で指摘したように、まるで宇宙全体が人類のゴミ箱であるかのように、あらゆるところにゴミをポイ捨てする様子が確認されている一方で、実際には人間はどこにでもポイポイとポイ捨てするわけではない。ゴミがポイ捨てされやすい場所には一定の傾向があり、ここではポイ捨てをしてはいけないようだと"ポイ捨て抵抗感"を覚えやすい場所がある。その特徴に関しては、各種の仮説が立案されている。

### （1）　目立つか、面倒か（橋本理論）

　橋本（2002）は、人間のゴミ捨て行動を分類し、ポイ捨て行動（橋本は「散らし捨て行為」と呼んでいる）が生起しやすい場所の特徴をいくつか整理している。1つ目は、目立ちにくい場所である。ゴミ捨て行動そのものが目立たず人目につきにくいことはもちろん、捨てたゴミが目立ちにくいところは、ポイ捨て行動が起こりやすい。自分以外に他者がいない、薄暗くて何をしているか他者からはわかりにくい、その逆に人が多すぎて誰がポイ捨てしたかわかりにくいなどの条件がそろうと、ポイ捨て行動は生起しやすい。宇宙やへき地の山や川などでポイ捨て行動が誘発されるのは、人目が少ないからであろう。へこみがある場所や壁際などの捨てたゴミが隠しやすく、ぱっと見ただけではわかりにくい場所、すでにゴミが散らかっていて、どれが自分の捨てたゴミかわかりにくい場所なども心理的な抵抗感が下がる。すでに瓦礫の散乱する被災地などに、さらにゴミが捨てられやすくなるのも、その一例であろう。

　2つ目にポイ捨てが生じやすいのは、面倒なとき、言い換えるなら、ゴミをきちんと捨てるのが面倒くさい場所である。橋本（2002）は、これを「最小エネルギーの法則」と呼んでいる。たとえば、ゴミ箱が見当たらなかったり遠かったりすると面倒なので、ゴミを遠くのゴミ箱に投げ入れようとしたり（失敗するとポイ捨てになる）その場に置いて立ち去ったりしようとする。

## （2） 見張りはいるか、すでにゴミはあるか、割に合うか（環境犯罪学）

環境条件を整えることで犯罪を予防しようとする環境犯罪学は、ポイ捨てを予防するために以下のような環境条件の整備を行うべきだと提言する。まずは、ポイ捨てされては困る場所には柵を設けるなどの物理的強化を行い、監視カメラやポイ捨て禁止の張り紙、住民相互の監視やパトロールなどの人的な社会環境の強化なども行う（中俣・阿部 2016）。

次に、「割れ窓理論（Wilson & Kelling 1982）」を踏まえ、ゴミを放置せず小まめに拾うことが推奨される。割れ窓理論とは、壊れた窓を放置しておくことで誰も気にかけていないことの合図となってしまい、さらなる犯罪を呼び込むという考えである。ゴミをこまめに拾ってきれいな状態を保つことで、周囲の人の目が行き届いていることを潜在的にアピールしてポイ捨てを予防する。

最後に、犯罪は、犯罪のリスクや労力と、得られる報酬や利益とのバランスによって生じると考える「合理的理論」（Cornish & Clarke 1986）を踏まえて対策することが推奨される。犯罪で得られる報酬や利益が、そのリスクや労力を上回るときに実際にその犯罪が実行されると考え、たとえば、監視カメラなどでポイ捨てをこっそり行うには苦労する状況にし、罰金などにより、ポイ捨てで得られる精神的・肉体的・金銭的報酬や利益が少なくなるように（場合によってはマイナスになるように）環境を整えることで、割に合わないからポイ捨ては止めておこうと思わせるのである。

## （3） 不道徳な迷惑行為は、恥ずかしい（社会的迷惑）

個人が自分の欲求の充足のみを追求し他者に不快感を与える社会的迷惑の観点から、特にダブルブレーキ理論（中里 2007）がポイ捨てと関わりが深いのではないかと注目されている（中俣・阿部 2016）。ポイ捨てを思いとどまろうとする心のブレーキは、他者への思いやりと恥ずかしさで構成される「情緒的ブレーキ」と道徳意識と努力試行的価値観から構成される「認知的ブレーキ」とによって構成されているという考え方である。

### （4）　誰も見ていなくても、自分自身は見ている（進化心理学）

　目の画像を掲示することでゴミのポイ捨てが減少したという Ernest-Jones, Nettle, & Bateson（2011）の研究は衝撃的であった。監視カメラなどではなく、単なる目の画像であるため、ばれた後に生じる罰金や叱責などのリスクを増大させるようなものでもないのに効果が生じたからである。

　中俣・阿部（2016）は、進化心理学の観点からこの結果を解釈し、目の画像を示すことで、他者からの視線を意識させ、鏡を見るのと同じような自己確認や自己意識の高揚をもたらすことで、ポイ捨て行動の抑制につながったのではないかと述べている。

## 4.　先行研究におけるポイ捨て抑制手法の諸提案

　"ポイ捨て抵抗感"を高め、ゴミのポイ捨てを抑制するためのいろいろな手法はこれまでにも数多く考案され、検討されてきた。橋本（2002）は、ゴミ捨て行動の観察と分析を通じて、ポイ捨てを抑制するためには、ゴミを取り除いて「秩序性を保つこと」や自動販売機などで缶飲料などの「潜在的にゴミとなる可能性の高い物の販売を控えること」を推奨する。さらに、ゴミを捨てたくなったときにゴミ箱が出現するようその位置を適切に配置するとともに、どこにゴミ箱があるかをあらかじめ知らせて「見通し」を立てやすくすることが大切であるという。

　これらは、既存ゴミが新たなポイ捨てを呼ぶので、ゴミ拾いをこまめに行うことを推奨する研究（天野・村田　2001；早瀬ら　2002）や、ゴミの種類によって人々がゴミ捨てにかける労力に差が生じることを踏まえて、ゴミ箱の設置位置に工夫を呼びかける研究（沖野　1984；橋本　1993；早瀬ら　2002）などでもその効用が裏づけされている。

　橋本（2002）は、デポジット制の導入にも肯定的である。飲み終わった後の飲料の缶や瓶を、ゴミ箱に入れたり売店に戻したりすればポイントがもらえたり返金されたりするのであれば、空き缶となっても完全に価値を失ったゴミ

となるわけではない。ポイ捨ては抑制される可能性が高い。

　中俣・阿部（2016）は、複数の風景画像を見比べさせてゴミの捨てやすい風景画像を選択させる心理学的な手法を用いて、「ゴミのポイ捨てを抑制する最善策は、監視カメラを設置してそれを看板で明示し、捨てられやすいところは花畑／花壇にして、もしゴミが捨てられたらただちに除去すること」と結論づけた。カメラの設置によるゴミの低減効果は、樋野（2008）によって愛知県内の駐車場における実証的観察からも確認されている。

　植田ら（2006）は、駅周辺のポイ捨ての実態調査を踏まえ、複数のポイ捨て抑制に関する提案を行っている。ベンチなどに人感センサーをつけて立ち去る人を感知したら「ゴミをお忘れではありませんか？」と機械が自動的に声をかける仕組みや、商品の容器や包装紙などに、ポイ捨て抑制メッセージやマナー啓発メッセージを印刷しておくなどのアイデアはなかなか興味深い。

　その他にも、これまでにさまざまなおもしろい試みが提案されており、たとえば、ゴミ箱にゴミを捨てるとポイントがもらえ、キャラクターが成長するシステム（浅井・井村　2015）や、ゴミのポイ捨てが良くないことを楽しく学んでもらうためのゲームの制作（賓達ら　2011）なども試みられている。


## 5.　函館のポイ捨て事情

　さて、まずは函館のポイ捨て事情を確認してみよう。2022年6～8月にかけて函館の大学生160名を対象に、「あなた自身は、ポイ捨てをしたことがあるか」と「函館でポイ捨てされているゴミを見たことがあるか」を調査した。

　その結果、36パーセント（%）が自分自身でポイ捨てをしたことがあり、63%はポイ捨てをしたことがないと答えた。さらに、ポイ捨て経験者に、どのようなゴミをポイ捨てしたことがあるか自由回答してもらったところ、食品関連のポイ捨てが圧倒的に多く、回答のあった35件中60%を占めていた。食品関連のポイ捨てのうち、ペットボトルや空き缶などが48%、お菓子や弁当の包装・入れ物が38%で、その他にアイスクリームの棒やガムなどが挙げられ

た。食品関連以外では、髪の毛やほこり、消しカス、コンビニエンスストアの
レシートなどが挙がった。

　どんなときにポイ捨てをしたかについても尋ねたところ、回答は累計37件
寄せられ、主に大きく3種類に分かれた。最も多かったのは「ゴミ箱がないと
き」で57%、次いで「邪魔になったとき」が22%、「荷物が多いとき」が14%
であった。その他に、「汚れそうなゴミのとき」や「飲み物を飲んだ後」など
の回答も寄せられた。

　続く「函館でポイ捨てされているゴミを見たことがあるか」という質問に
は、残念ながら93%という圧倒的多数が「見たことがある」との答えであっ
た。ポイ捨てゴミを見たことがあるとの回答者に、さらに、どんなポイ捨てゴ
ミを見たことがあるか、自由記述で回答を求めたところ、累計243件の報告
が寄せられた。最も多かったのが「たばこ」で26%、次いで「ペットボトル」
が20%、「空き缶」が16%、お菓子やお弁当などの包装が12%、レジ袋などの
「ビニール袋」が9%、チラシが4%であった。その他16%として、家庭ゴミや
マスク、靴、雑誌、歯ブラシなども挙げられた。残念ながら、函館も世界の例
にもれず、ポイ捨て抑制研究に取り組む甲斐がとてもある場所のようだ。


## 6. 効果的なポイ捨て抑制看板を探る

　ポイ捨て抑制看板とは、たとえば、
図7-1に示したようなものである。こ
の立て看板は、函館の有名な観光地の
近くにある。この看板を見て、あなた
はどのくらい「ポイ捨てをしてはいけ
ない」と感じるだろうか。

　残念ながら、この看板の近くの道路
やバス停で、マスクが捨てられ、空き
缶やペットボトル、お菓子袋等がベン

図7-1　函館市あるポイ捨て抑制
　　　　看板

チの陰に隠すように捨てられているのが観察された。実に悩ましい。はたして、ポイ捨て抑制看板にどのようなメッセージを示せば、このようなポイ捨てをもっと控えてもらえるのだろうか。

## （1）　ポイ捨て抑制看板の実態調査

　ポイ捨て抑制看板の実態を探るため、日本各地のポイ捨て看板を50個ほど収集し、KJ法に類似した手続きで分類した。すなわち、それぞれのポイ捨て抑制看板ごとに、メッセージ文（基本的には一文単位で扱ったが、単語のみのこともあった）、設置母体、連絡先、イラスト等の諸要素に分解したうえで、どのような着眼点を持てば、どのような類似点や相違点が見いだせるか、複数の人間で自由に話し合うことを通じて、諸要素をグループ分けする活動を行った。でき上がったグループの特徴にはどのようなラベルをつけると適切かについても話し合いを行い、必要に応じて再分類や再ラベル化を重ねて、より適切なものを探った。その結果、実際に用いられているポイ捨て抑制看板のメッセージは、「ゴミを捨ててもよい場所ではないことの表明」「罰則や法律違反の明示」「利用者のマナー意識の喚起」「人目があることの表明」「（犬のフンやタバコの吸い殻など）特定のゴミに対する注意喚起」の5つの役割のいずれか（複数の場合もある）を担っていることがわかった（林　2019）。

　設置母体は、市区町村や公園等の管理団体が明記されていることが多かった。少ないが地区の警察署となっている場合もあった。設置母体が最初から明記されていなかったり、経年劣化で読めなくなったりしているものもあった。

　また、ポイ捨て抑制のための表現手法にもさまざまな工夫が凝らされていた。多くの場合は「ゴミを捨てないでください」という丁寧文による表記がほとんどであったが、呼びかけや平常文が混在するものや、数は大変少ないが大阪府茨木市のようにカエルのイラストと「ゴミは持ちカエル」という文が示され、ダジャレなどのユーモアを交えたものもあった。文字だけが表記された看板と、イラストと文字とを交えたものとは、ほぼ半々であった。さらには、英語や中国語など、外国語が添えられているものもあり、国内外からの観光客のポイ捨てに苦慮する各地域の様子が推測される看板も散見された。

**表7-1　実在するポイ捨て抑制文とポイ捨て抑制理論に基づいて作成
したポイ捨て抑制文とそのカテゴリ**

| カテゴリ | 具体性 | 威迫感 | ポイ捨て抑制文 |
|---|---|---|---|
| 法律 | 高 | 高 | ○年以下の懲役又は○円の罰金です／○警察署 |
| | 高 | 中 | ○年以下の懲役又は○円の罰金です／○市 |
| | 中 | 高 | 軽犯罪法に触れます／○警察署 |
| | 中 | 中 | 軽犯罪法に触れます／○市 |
| | 低 | 高 | 警察が巡回しています |
| 視線 | 高 | 高 | 監視カメラがあります |
| | 高 | 中 | あなたの行いを見ています |
| | 中 | 中 | 地域住民が見ています |
| | 中 | 中 | 子どもが見ています |
| | 低 | 中 | 誰か見ています |
| 倫理 | 高 | 中 | 子どもがゴミで怪我をします |
| | 高 | 中 | 高齢者が怪我をします |
| | 中 | 中 | 子どもが真似をします |
| | 中 | 低 | いつも綺麗にして頂き、ありがとうございます |
| | 低 | 低 | 公共の場です |

出典：林（2019）

## （2）　ポイ捨て抑制文の作成

　次に、認知心理学講座に所属する学生と教員とで、第3節で示した各種理論に基づくポイ捨て抑制要因と、前項で示した実在するポイ捨て抑制看板を踏まえた、オリジナルのポイ捨て抑制文の作成に取り掛かった。約3カ月かけて、抑制文の作成・追加・削除・修正とKJ法と呼ばれる分類手法を用いた抑制文の整理を繰り返し、完成したものが、表7-1である（林　2019）。

　まず、「法律」カテゴリでは、主に環境犯罪心理学の観点から作文を試みた。ポイ捨てをしたら何が自分の身に起きるか具体的な方がピンときて、ポイ捨てを控えるのではないかと考え、刑罰が具体的に示された文をまず作成し、少しずつ具体性を下げて抽象化を試みた。また、看板の設置母体が市町村であるよりも、警察署とすると威迫感が増し、怖さを感じてより効果的なのではないかと考え、威迫感の高低も操作した。なお、威迫感の高い「警察が巡回しています」に対応する威迫感の低い文として「市民が巡回しています」「町内会

で見回りをしています」などの案も出たが、市民や町内会、有志の見回り活動は、法的根拠には乏しいと考え、「法律」カテゴリとして採用することは見送った。

　次に、ポイ捨て行為やその結果生じたゴミそのものが目立つことや他者の目があることを強調する「視線」カテゴリの作文を行った。具体性や威迫感を「法律」カテゴリとそろえる努力はしたものの、カテゴリの違いは質の違いでもあり、「法律」カテゴリと同様とはならなかった。「監視カメラ」は語感としても、ポイ捨ての証拠が録画されて残りうる機能がある点でも恐ろしく、威迫感が高くなると想定された。進化心理学的な「目」の画像に相当するようなものを、文章で表現するのは難しく、「あなたの行いを見ています」や「誰か見ています」という文章ならば「目」がイメージされうるのではないかと考えて採用した。また、誰からの視線を感じたときにもっともポイ捨てを控えようと感じるか話し合い、子どもに見られながらポイ捨てするのは抵抗感が強いと考え、「子どもが見ています」を作文した。

　最後に、他者への思いやりや道徳心への刺激による抑制を期待する「倫理」カテゴリを設けた。「法律」カテゴリは、法律や犯罪、権力や権威が関係しやすいため、そもそも外圧による行動強制力が強く、威迫感が強くなりやすい。一方、「倫理」カテゴリはその逆で、本人の自発性や思いやり、良心を頼みとするため、外からの強制や圧力はほぼなく、恐怖感や威迫感を高めることはほぼ不可能であった。子どもや高齢者がひどい目にあう可能性の指摘や、事前に感謝されることでポイ捨てが抑制可能かどうか、良心の持つ制御力を試みる文が中心となった。

### （3）　ポイ捨て抑制文の分類と効果測定

　さて、このようにして作成したポイ捨て抑制文だが、実は、カテゴリ分けを含めて、講座内でも完全に意見が一致しているわけではなかった。たとえば「警察が巡回しています」は、法律カテゴリよりも、視線カテゴリと考えた方が適切なのではないか。

　このような、複数人で話し合っても意見が一致しにくい主観的なポイント

を、どのようにすれば客観的にすっきりと整理できるだろうか。現代の心理学が選んだ解決法の一つは、実験や調査を行って統計学の力を借りることである。筆者の個人的な体験で恐縮だが、これまでに出会った心理学者の中には「人の心が読める」人はいなかった（筆者自身を含む）。心理学に基づけば人の心が「読める」あるいは「わかる」ようになるのではと期待を寄せられることがあるが、残念ながら、心理学を修める意義をそこに求めるのは難しい。今のところ、心理学を学ぶ意義の一つは、数値化することが不可能と思われるような主観的な事象を、さまざまな工夫で数値化し統計学に預けることで、客観的にわかりやすく捕捉できるような技法や知恵を身につけられることであろう。すなわち、皆で話し合っても埒があかない、これ以上話し合っても白黒つけるのは難しい、そこまで意見が整理されてきたならば、いよいよ本格的に心理学的な研究方法の出番なのである。

　そこで、作成した抑制文をより客観的に分析するため、研究室外の大学生127名の協力を得て、それぞれのポイ捨て抑制文に対して「どのくらいポイ捨てしやすいと感じるか」について、1を「もっともポイ捨てしにくい」、5を「もっともポイ捨てしやすい」とする、1, 2, 3, 4, 5の5段階で評定する調査を実施した。得たデータを因子分析や分散分析といった統計的手法で分析し、その結果をまとめたのが、表7-2である（林　2019）。

　先ほど威迫感が高い抑制文であると考えていた、罰金や軽犯罪等に言及した文が一つの要因としてまとまったため、改めて「権威への恐れ」要因と名づけた。また2つ目は、子どもや高齢者の怪我など「倫理」カテゴリとして考えていたものが中心にまとまったため、「弱者への配慮」要因とした。3つ目は「見ている」「公共の場」「いつも綺麗」などの文で構成されているため、「世間の目」要因と名づけた。「いつも綺麗にして頂き、ありがとうございます」を世間の目と考えるのは、やや突拍子なく感じる向きもあるかもしれないが、先述の割れ窓理論を踏まえると、その場所がきれいに保たれていることを世間の目がいつも確認していますよ、という表現として解釈可能であろうと考えた。

　さらに、表7-2の右端にまとめられているポイ捨てのしやすさ平均得点（得点が低いほど、ポイ捨てできないと感じている）を分散分析して確認し

表7-2 ポイ捨て抑制文の因子分析結果とポイ捨てのしやすさ平均得点

| | ポイ捨て抑制文 | 第1因子 権威への恐れ | 第2因子 弱者への配慮 | 第3因子 世間の目 | 平均 (SD) |
|---|---|---|---|---|---|
| 第1因子 | ○年以下の懲役又は○円の罰金です／○警察署 | 0.95 | −0.02 | −0.07 | 1.93 (1.26) |
| | 軽犯罪法に触れます／○警察署 | 0.93 | 0.05 | −0.07 | 1.98 (1.21) |
| | ○年以下の懲役又は○円の罰金です／○市 | 0.86 | −0.06 | 0.07 | 2.08 (1.26) |
| | 軽犯罪法に触れます／○市 | 0.81 | −0.03 | 0.10 | 2.19 (1.20) |
| | 警察が巡回しています | 0.73 | −0.01 | 0.09 | 2.15 (1.17) |
| | 監視カメラがあります | 0.71 | 0.09 | −0.09 | 1.98 (1.17) |
| 第2因子 | 子どもがゴミで怪我をします | −0.02 | 0.94 | −0.08 | 2.71 (1.26) |
| | 子どもが真似をします | 0.02 | 0.92 | −0.06 | 2.76 (1.32) |
| | 子どもが見ています | 0.04 | 0.65 | 0.20 | 2.85 (1.28) |
| | 高齢者が怪我をします | 0.02 | 0.65 | 0.07 | 2.72 (1.23) |
| 第3因子 | あなたの行いを見ています | 0.01 | −0.10 | 0.96 | 2.96 (1.31) |
| | 誰か見ています | −0.01 | 0.12 | 0.58 | 3.05 (1.25) |
| | 地域住民が見ています | 0.01 | 0.45 | 0.49 | 2.88 (1.18) |
| | 公共の場です | −0.18 | 0.20 | 0.43 | 3.09 (1.17) |
| | いつも綺麗にして頂きありがとうございます | 0.19 | 0.03 | 0.41 | 2.76 (1.26) |
| | Cronbach の $\alpha$ | 0.93 | 0.88 | 0.80 | |
| 因子間相関 | 第2因子 | 0.20 | − | − | |
| | 第3因子 | 0.09 | 0.69 | − | |

出典：林（2019）をもとに筆者作成

た。「権威への恐れ」要因の中の「○年以下の懲役又は○円の罰金です／○警察署」が最もポイ捨てを抑制しており、次いで同カテゴリの「軽犯罪法に触れます／○警察署」と「監視カメラがあります」が同得点で効果的であることがわかった。残念ながら、「弱者への配慮」や「世間の目」は、「権威への恐れ」ほどにはポイ捨てを抑制する力は持っていないことが明らかになった。

　この結果を踏まえるならば、図7-1で示したポイ捨て抑制看板は、懲役や罰金の存在にふれていて、なかなかどうして効果的と考えられる。もう一段の効果を求めるならば、警察に協力を求めて、看板の設置主体の一員として警察の存在を明記するとよいのではないかと思われる。

## 7. ポイ捨ては、呪われたぐらいではやめられない

　さて、前節では、ポイ捨てには罰金があることを明示し、市町村名より警察の名前の入った、権威への恐れを喚起するような威迫感の強いポイ捨て抑制文が効果的であることが示された。ポイ捨てによって身軽になる、ゴミで自分の衣類が汚れるリスクが減る等の利益が、罰金によって割に合わないものとなるため抑制されるのだろうと考えられ、これは合理的理論によくあてはまる。しかし、市町村名と警察名とで効果が異なるなど、既存のどの理論でも説明しきれない部分もまだあるように感じられる。罰金による不利益は、市町村からだろうと警察からだろうと同じであろうからである。

　考えられることはいろいろあるが、本節では、市町村よりも警察のほうが単純に「怖い」印象があり、その恐怖感情がより強いポイ捨て抑制効果をもたらしたのかもしれないという点に着目した。言い換えれば、「怖い」ポイ捨て抑制文が効果的な可能性はあるだろうかということである。そこで、警察や罰金とは質の異なる単純な恐怖をもたらすものとして「呪い」と、警察や監視、罰金などに類似した現実的な外圧の怖さの一種として、言語的に上からの社会的圧力を強める「命令文」とに着目し、ポイ捨て抑制文のセットを新たに作成し、同様の追加調査を実施することにした。

　本節で用いるポイ捨て抑制文は、現実的な恐怖として「罰金」、単純な恐怖として「呪い」、恐怖とは無関連な「（ポイ捨て禁止の）告知」の3カテゴリを設けた。さらに、各カテゴリ内でそれぞれ恐怖感が増長されるであろう「命令」、やや緩和されるであろう「丁寧」、外圧とならないよう配慮した「依頼」となるように作文を試みた。

　罰金カテゴリは、「ゴミを捨てたら罰金払え」「ゴミを捨てたら罰金です」「ゴミを捨てたら罰金を払ってくださいませんか」の3文となった。告知カテゴリの3文は「ゴミを捨てるな」「ゴミを捨てないでください」「ゴミを捨てないでくださいませんか」、呪いカテゴリは「ゴミを捨てたら呪うぞ」「ゴミを捨てたら呪われます」「ゴミを捨てたら呪っても構いませんか」であった。

　大学生 154 名の協力を得て、1 を「もっともゴミが捨てやすい」、5 を「もっともゴミが捨てにくい」とする 5 段階評定調査を実施した結果を示したのが、図 7-2 である（林ら　2022 の再分析）。得られたデータに対し分散分析を行ったところ、「ゴミを捨てたら、罰金払え」と現実的な恐怖を命令形で強く表現した文のポイ捨てのしにくさ平均得点が高く最もポイ捨てを抑制し、「呪う」が含まれている文はいずれも得点が低く、効果的とは言えない結果となった。

　つまり、警察は、実際に法令違反や罰金の取り扱いを日常的に行っているとイメージされているからこそ、ポイ捨て抑制看板の設置母体として示すと効果的である可能性が高まった。呪いなどのように受動的で得体のしれない恐怖よりも、罰金のような現実的な損失や命令のような社会的な圧力をともなう実利的な恐怖であることも、ポイ捨ての抑制には重要なようである。視点を変えれば、市町村や公園管理団体などが主導して、ポイ捨て実行者を逮捕に導いたり、罰金や罰則を請求したりした事例を積極的に広報していくことにより、すでに設置されている市町村等が設置母体となっているポイ捨て抑制看板の効果が向上する可能性も考えられる。

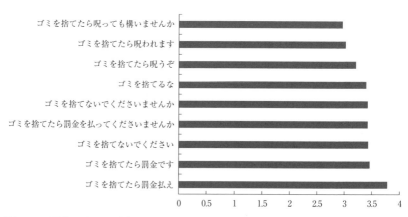

図 7-2　罰金、呪い、告知カテゴリのポイ捨て抑制文に関するポイ捨てのしにくさ平均得点
出典：林ら（2022）をもとに再分析し、筆者作成

## 8.　五稜郭公園の満開の桜は、ポイ捨てを抑制できるのか

さて、ポイ捨て抑制看板の研究をここまで進めてきたが、これらの知見を、五稜郭をはじめ著名な観光地を多数抱える函館において活用しようとすると、問題が生じうることに気がついた。日常生活空間においては、「罰金払え」というポイ捨て抑制看板や監視カメラなどは十分実用的と考えられるが、観光地においてはどうだろうか。ポイ捨て抑制看板が乱立し、監視カメラだらけとなっては、リラックスして楽しみたい気分や風光明媚な景色・雰囲気が台無しになってしまわないだろうか。

そこで、「観光地ならではの美しさ」や「歴史の重み」それ自体がポイ捨てを抑制する効果を持つかどうか、ポイ捨てのしやすさを風景写真で評定する調査を行うことにした。割れ窓理論によれば、ゴミのない美しい場所にはポイ捨てがしにくい。そもそも観光地は、美しいから、荘厳だから、歴史の重みがあるから……等の理由により、観光地となったはずなのである。ゴミがない程度の美しさを超えて、より積極的に「こんなに素晴らしいところでポイ捨てなんてとんでもない」と思わせる力があっても不思議ではない。

そこで、先行研究とこれまでの研究を踏まえ、最もゴミを捨てにくく感じるであろう「ゴミを捨てたら罰金を払うよう促すポイ捨て抑制看板のあるゴミのない深緑の近所の公園」の写真、その次にゴミが捨てにくいと予想される「ゴミのない深緑の近所の公園」の写真、最もポイ捨てが誘発されやすい「ゴミの散乱する深緑の近所の公園」の写真を用意した。講座の学生と教員が力をあわせてポイ捨て抑制看板を作成し、大学の近くの公園に出かけて行って、撮影会をしたのである。

さらに、五稜郭公園に出かけていき、「満開の桜の五稜郭公園」の写真を撮影した。五稜郭公園であることがわかりやすいよう、五稜郭タワーが写り込む構図を模索して撮影した。このときはコロナ禍であったため、通常は混雑している五稜郭公園にほとんど人がおらず、大変助かった。人払いをする必要も加工の必要もほとんどなく、人のいない五稜郭公園の写真を手に入れることがで

きた（厳密には、人がフレームアウトするまで待ちながら写真撮影をしたが、どうしても 3 名ほど写り込んでしまい、少しだけ加工することにはなった）。

　さて、そうして作成した風景写真を用いて、大学生 160 名を対象に、どの風景写真でどのくらいゴミを捨ててもよいと感じるか、これまで同様に調査を行った。データに欠損値のない 131 名分について分析した結果が、図 7-3 である。

　分散分析したところ、予測どおり、「ゴミを捨てたら罰金を払うよう促すポイ捨て抑制看板のあるゴミのない深緑の近所の公園」が最もゴミを捨てにくいと感じられていた。その次が「ゴミのない深緑の近所の公園」となり、「ゴミの散乱する深緑の近所の公園」は最もゴミが捨てやすいことが示された。

　問題は、満開の五稜郭公園写真がどの位置にくるかである。割れ窓理論に基づくならば、観光地であろうと近所の名もない場所であろうと、ゴミがないことにより人々が気にかけていることが示されて、等しくポイ捨てしにくく感じることとなる。つまり、「ゴミのない深緑の近所の公園」と同程度の得点となることが予測される。しかし、もし、観光地ならではの美しさなどが威力を持つならば、「ゴミのない深緑の近所の公園」よりも「満開の桜の五稜郭公園」

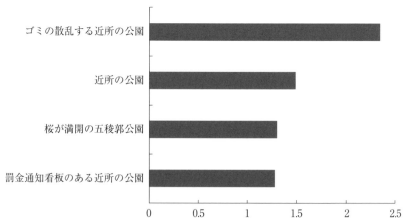

図 7-3　罰金通知看板のある近所の公園、近所の公園、ゴミの散乱する近所の公園、満開の桜の五稜郭公園の各写真に対するポイ捨てのしやすさ平均得点

は、ポイ捨てしにくいと感じるはずである。

　調査の結果、「満開の桜の五稜郭公園」は「ゴミのない深緑の近所の公園」よりもポイ捨てしにくく、「ゴミを捨てたら罰金を払うよう促すポイ捨て抑制看板のあるゴミのない深緑の近所の公園」と同程度のポイ捨てのしにくさであることが示された。つまり、満開の桜の五稜郭公園は、わざわざ「ポイ捨てしないでください」等のポイ捨て抑制看板を設置しなくても、ここまでの研究で最も効果的だと考えられる罰金通告ポイ捨て抑制看板と同程度のポイ捨て抑制効果を持つ可能性が示された。

　観光地でのポイ捨てを抑制するための方法として、観光地それ自体の魅力を維持し、向上させること自体が選択肢の一つとなりうることが示唆されたとも解釈できる。ポイ捨て抑制看板の代わりに、歴史的意義や地形的価値、景観の希少さなどをアピールする看板を設置することも検討に値するかもしれない。

　ただし、この研究は、実際の観光客や地元住民のバラエティの豊かさに比べて調査参加者が大学生に限られている、実際の風景ではなく写真であるため、写真的な美しさで評定された可能性も否定できない、桜の季節以外の五稜郭公園の検討も必要であろう等の問題を抱えている。ポイ捨て問題解決への新しい切り口が芽吹きかけているように感じられるが、まだ決定的とは言い難く、今後もさらなる検討が必要である。


　　おわりに


　本章では、ポイ捨て抑制に関わる先行研究を概観した後、地域環境科学グループ・認知心理学講座におけるポイ捨て抑制研究について紹介した。警察名によるポイ捨てにともなう罰金の存在を知らせる看板を設置する、ポイ捨てにともなう罰則の施行状況を広く知らしめるなどの恐怖感情や損得勘定を揺さぶる方法が提案できるほか、桜が満開の五稜郭公園を通じて、観光地が観光地たる本分を全うすること自体がポイ捨てを抑制しうる可能性があることを示し

た。

　ポイ捨て抑制研究には、まだまだ課題がたくさんある。あなたがポイ捨てをしたくなったとき、してしまったとき、思いとどまったとき、いずれも研究のチャンスとなりうる。本章が、あなたなりの国際地域研究を始める端緒となれば望外の幸いである。

引用・参考文献

青木直子（2017）「富士山の今：観光地『富士山』のごみ事情」『循環とくらし』第7巻、62-65ページ。

樹世中・蔵永圭則（2020）「宇宙ゴミ問題解決に向けた取り組み促進のあり方」『NRIパブリックマネジメントレビュー』第207巻、14-21ページ。

大西悠斗・菅原千夏・西山敦紀・畠花帆・守屋洸希・小橋拓司（2021）「近郊農村における『ポイ捨て』の重層性解明」『兵庫地理』第66巻、67-72ページ。

梶谷克彦・中島浩二・浜地孝史・亀井圭史・眞田篤（2018）「北九州のイベント会場におけるポイ捨てゴミ対策の試み」『西日本工業大学紀要』第48巻、195-198ページ。

窪田順生（2012）「混乱に乗じて産廃をポイ捨て“ごみ箱”と化す被災地の現実」『週刊ダイヤモンド』第100巻第10号49ページ。

四蔵茂雄（2006）「海水浴場における散乱ゴミの制御に関する研究」『廃棄物学会研究発表会講演論文集17回』8-10ページ。

立花巧樹・松田裕貴・磯部海斗・真弓大輝・諏訪博彦・安本慶一・村尾和哉（2022）「アクティブ音響センシングによるポイ捨てごみの種別認識手法の提案」『マルチメディア、分散、協調とモバイルシンポジウム2022論文集』258-264ページ。

中俣友子・阿部恒之（2016）「ゴミのポイ捨てに対する監視カメラ・先行ゴミ・景観・看板の効果」『心理学研究』第87巻第3号、219-228ページ。

中俣友子・阿部恒之（2018）「特集：海洋プラスチックごみ　河畔におけるごみのポイ捨て対策　—海洋ごみ問題を考える—」『廃棄物資源循環学会誌』第29巻第4号、304-308ページ。

中里至正（2007）「望まれる若者の恥意識の強化」中里至正・松井洋（編著）『「心のブレーキ」としての恥意識—問題の多い日本の若者たち—』ブレーン出版、1-34ページ。

新宮済・中澤静男（2021）「河川におけるプラスチック汚染を解決しようとする子どもの行動の変容を促す要因についての考察—河川におけるプラスチック汚染を題材としたESD環境教育の授業実践—」『次世代教員養成センター研究紀要』第7巻、67-78ページ。

ニューズウィーク日本版（2014）「エベレストでポイ捨てはもう見逃さない!」第29巻第13号、55ページ。

橋本俊哉（1992）「観光地の「ゴミ問題」と誘導のための方策」『月刊観光』第306号、3-14

ページ。

橋本俊哉（2002）「「ゴミ捨て行動」の心理と誘導方策」『農業土木学会誌』第70巻第2号、101-104ページ。

林美都子（2019）「ポイ捨て抑制文のカテゴリと効果の検討」『人文論究』第88号、35-43ページ。

林美都子・吉田拓功・島奈穂・金子真穂・菊池千登・渡辺莉緒（2022）「「ポイ捨てしたら罰金払え」は逆効果になりうるか―Merz心理的リアクタンス得点上位群と下位群におけるポイ捨て抑制文に対する感性評価の分析―」『北海道心理学研究』（印刷中）。

村上恵子（2017）「観光地におけるたばこのぽい捨ての実態とその対策―廿日市市宮島町での調査をもとに―」『県立広島大学経営情報学部論集』第10巻、129-139ページ。

森康浩・中俣友子（2020）「環境・状況的要因による河川でのポイ捨て抑制に向けた取り組みの効果測定」『廃棄物資源循環学会研究発表会講演集第31回廃棄物資源循環学会研究発表会講演原稿』、15-16ページ（要旨）。

吉水裕樹・明石達生・諫川輝之（2019）「路上喫煙及び吸い殻のポイ捨ての制御に関する環境犯罪学の適用―横浜市の喫煙禁止地区を例にして―」『人間・環境学会誌』第22巻第1号、9ページ（要旨）。

Cornish, D., & Clarke, R., V. (1986) *The Reasoning Criminal Rational Choice Perspectives on Offending*. Springer- Verlag, New York.

Ernest-Jones, M., Nettle, D., & Bateson, M. (2011) "Effects of eye images on everyday cooperative behavior: A field experiment." *Evolution and Human Behavior*, 32, 172-178.

Wilson, J. Q., & Kelling, G. (1982) "Broken windows: The police and neighborhood safety. " *Atlantic Monthly*, March, 29-38.


WEBサイト

『京都新聞』京都・亀岡　社会・地域面「ごみ写真投稿でLINEポイント、不正多発　わずか10日で終了」2022年10月14日、https://www.kyoto-np.co.jp/articles/-/898922、2022年10月14日アクセス。

| コラム4 | 歴史の影にいる女性実践家たち |
| --- | --- |

「長尾さん、これからはおじさんの研究をするんですか？」

　数年前、ある学会で発表をした際に後輩に言われた言葉である。そのとき
の発表内容は、音感教育とリトミック教育とがつながっているという仮説の
下に作曲家の山田耕筰（1886-1965）とピアニストの園田清秀（1903-1935）
との関係にふれたものだった。その際、登場する人物は男性ばかりだったか
らなのだ。

　その後輩と知り合った博士課程で、私は、日本女子大学の元教授であり、
幼児の歌〈おべんとう〉の作曲家であり、音楽教育家だった一宮道子（1897
-1970）の教育実践に関する研究をしていた。彼女の音楽教育家としての生
涯を追ったもので、その過程で、フルート奏者としても活躍した詩人の深尾
須磨子（1888-1974）や声楽家の荻野綾子（1898-1944）、現在でも多くの幼
稚園で実践されている天野式リトミックの天野蝶（1891-1979）らとの交流
が一宮の音楽教育に影響していたことを明らかにしていた。深尾や荻野は、
与謝野晶子（1878-1942）らとの婦人活動家としての側面もあったが、私の
研究はあくまで一宮の音楽教育実践に関するものだったため、女性史やジェ
ンダー研究とは交差しなかった。しかし、一宮というピアノを弾く音楽教育
者が生涯独身を貫き、社会的に自立し、常に周りの女性教育者たちと交流し
ながら自身の音楽教育に邁進する姿を目のあたりにし、当時の女性の生き方
について関心が向かなかったわけではない。同時に、音楽教育の歴史の流れ
の中で、一宮の功績が、なぜこれまで浮かび上がってこなかったのか、そし
て、なぜ音楽教育史に登場するのはいつも男性ばかりなのか ── という腹
立たしさのようなものは常につきまとっていた。

　音楽に携わる人の多くは女性であることは誰でもが知ることである。世
界的に活躍する音楽家には男性が多くとも、最近では少し状況が変わってい
るが、音楽の習い事をするのは女子が多く、「ピアノの先生」といえば女性
を思い浮かべるのではないだろうか。さらに言えば、その「ピアノの先生」
は、たいてい良家の出身で、家庭人として家庭を支えながら自宅の一室をレッ
スン室にしている場合が多い。

　たとえば、一宮が東京音楽学校（現・東京藝術大学）に在学していた1924
（大正13）年当時、本科に在籍していた男子は25人（声楽部7人・器楽部
18人）、女子は55人（声楽部16人・器楽部39人）と女子が男子の倍以上

だった（『東京音楽学校一覧　第12冊　従大正13年至大正14年』より）。その後、彼女たちのなかには国内で演奏活動をしたり、東京音楽学校をはじめ各所で教育者として活躍したりした例はあるものの、現在では彼女らの門下のなかでしか知られていない。一宮が亡くなったときも、護国寺で行われた葬式にはあふれんばかりのたくさんの教え子たちが参列したというが、彼女の名前は一般には認知されていない。代わりに名前が残っているのは教育行政等に関わった男性ばかりなのである。たとえば1941（昭和16）年から始まった国民学校で、音楽の授業はそれまでの唱歌科から芸能科音楽に変わり、新たに聴覚訓練（いわゆる絶対音感教育）をするための「準備調査会」が設置されたが、その委員11名のうち、女性は松島彝（女子学習院教授、作曲家、1890-1985）ただ一人だった。つまり、教育行政に関わらなかった、しかしそれを支えていた女性実践家たちの多くが忘れ去られているのである。

　どうしても実践家より理論家のほうが、著作があることも関係して名前が残りやすい傾向はあるだろう。しかし、一宮が自身の実践を発表した会の記事を見てみても、実践をしたのは一宮でありながら、質疑に答え、その場を取り仕切っているのは、彼女の共同研究者（男性）なのである。同じ立場で、男性教育者の実践を記録した例では、その男性実践者がすべての質問に答え、その場を取り仕切っているのである。

　女性は歴史に名前が残りにくい。歴史をつくってきたのは男性だけではない。どのような分野にも、女性が存在しているのである。最近の歴史研究では、女性たちの活躍が注目されることも増えてきたと感じる。しかし、音楽教育に限らず教育の現場で地道に子どもたちと向き合い、子どもたちを導いてきた女性実践家たちにはまだまだスポットが当たってこない。彼女らの実践の意義を評価し、決して、歴史を動かしてきたのは男性だけではないということを今後も明らかにしていかなければならない。

（長尾　智絵）

# 第 **8** 章

## 心理的安全性は対話的な学びにどのように関わるのか
── 特別の教科　道徳における対話に注目して ──

奥田　秀巳

### は じ め に

　学校教育のさまざまな場面において、他者との対話を通した学びが積極的に取り入れられている。しかし、授業において児童生徒に話し合いの時間をとったとしても、必ずしもその時間が教育的に意義ある学びとなるわけではないだろう。学校教育において対話的な学びが成立するためには、有効な教育方法や、その教育方法を成立させる一定の前提が必要であると考えられる。

　本章では、学校教育における対話的な学びが成立する前提を考察するうえで、対話に際しての環境や、他者との関係性に注目する。そしてこの対話に際しての環境や他者との関係性について考えるうえで、近年、主に経営学の領域において言及されている「心理的安全性（psychological safety）」の概念を手がかりにして考察する。

　より具体的には、本章は以下のような過程を経て論述される。まず、心理的安全性の概念を A.C. エドモンソンの研究を手がかりにして考察する。その後、心理的安全性を哲学対話や子どもの哲学における「知的安全性（intellectual safety）」と比較しながら、心理的安全性が学校教育における対話的な学びにどのように関わるのか考察する。最後に、特別の教科　道徳（以下、道徳科と略）における学びに注目して、心理的安全性が道徳科における児

童生徒の対話的な学びにどのように関わるのか考察する。


## 1. 学校教育における対話的な学び

　すでに学校教育での学びにおいて、対話を取り入れた実践が進められている。学校教育において対話を取り入れることの意義について考察した数多くの先行研究が存在するだけでなく、対話を取り入れた具体的な教育方法についても多くの実践的な研究が展開されている。

　現行の学習指導要領においても、学校教育において対話的な学びを取り入れることの意義が指摘されている。たとえば『小学校学習指導要領解説　総則編』には、中央教育審議会答申を引用しつつ、「主体的・対話的で深い学び」の実現に向けて、「子供同士の協働、教職員や地域の人との対話、先哲の考え方を手掛かりに考えること等を通じ、自己の考えを広げ深める『対話的な学び』が実現できているかという視点」に立った授業改善が求められることが述べられている（文部科学省　2018a: 77）。

　またとりわけ「特別の教科」となった道徳科においては、「考え、議論する道徳」のキーワードとともに、対話的な学びを実践することの必要性が指摘されてきた。たとえば『小学校学習指導要領解説　特別の教科　道徳編』には、道徳教育における対話的な学びの意義を指摘する以下のような記述がある。

　　　さらに、今後グローバル化が進展する中で、様々な文化や価値観を背景とする人々と相互に尊重し合いながら生きることや、科学技術の発展や社会・経済の変化の中で、人間の幸福と社会の発展の調和的な実現を図ることが一層重要な課題となる。こうした課題に対応していくためには、社会を構成する主体である一人一人が、高い倫理観をもち、人としての生き方や社会の在り方について、時に対立がある場合を含めて、多様な価値観の存在を認識しつつ、自ら感じ、考え、他者と対話し協働しながら、よりよい方向を目指す資質・能力を備えることがこれまで以上に重要であり、こうした資質・能力の育成に向け、道徳教育は、大きな役割を果たす必要がある。（文部科学省　2018b: 1）

　このほかにも、道徳教育の要として位置づけられる道徳科において対話的な学びの意義が強調される背景には、学習指導要領解説にあるように、「読み物の登場人物の心情理解のみに偏った形式的な指導が行われる例」や、「発達の段階を踏まえず、児童生徒に望ましいと思われる分かりきったことを言わせたり書かせたりする授業になっている例」があったということもある。（文部科学省　2018b: 2）。つまり、従来行われてきた道徳の授業方法としての、いわゆる「心情主義」や「読み取り道徳」の改善に向けた問題意識も、道徳科における対話的な学びの意義が強調されることに関わっている。したがって、道徳科に対話的な学びを取り入れることが強調されてきた背景には、これからの時代に求められる児童生徒の資質・能力を育むということだけでなく、これまでの教育方法を改善し、「考え、議論する道徳」へと転換していくことが課題としてあったのだといえよう。

　ただし、学習指導要領をはじめとして学校教育における対話的な学びの意義がさまざまな学校教育に関わる文書や研究において強調されているとしても、実際に学校教育においてその対話的な学びがどのようにして深い学びとなるのかという問いは引き続き課題であり続けている。したがって本章では、対話における環境や他者との関係性について考察し、学校教育において対話的で深い学びが成立する前提を探究したい。


## 2.　心理的安全性の概念

### （1）　エドモンソンの心理的安全性に関する研究

　心理的安全性は、主に経営学の領域において研究されてきた概念であり、安心して協働することのできる組織の環境について考察するなかで生じてきた概念である。心理的安全性の概念の研究者である A.C. エドモンソンによれば、その研究の萌芽は、E.H. シャインと W.G. ベニスの研究に見て取ることができるという（Edmonson 2019: 12; 2021: 36）。以下では、エドモンソンの心理的安全性に関する研究を中心にして、心理的安全性の概念について考察す

る。

　エドモンソンは、心理的安全性を実際の職場環境における調査研究の中で明らかにしてきた。エドモンソンは『恐れのない組織』（*The Fearless Organization*）において、職場環境における心理的安全性を「対人関係のリスクを取っても安全だと信じられる職場環境」と定義している（Edmonson 2019: 8; 2021: 30）。エドモンソンは、企業や病院、政府機関などでの調査研究を根拠に、心理的安全性はグループレベルで存在するものであり、心理的安全性が確保されているか否かは、組織の中でもその人が所属するグループによって異なるものであることを指摘する。そしてこのグループごとに心理的安全性が異なる理由は、心理的安全性がグループにおけるリーダーのリーダーシップと関係しているからだという。

　　　この研究によって、次の重要なことがわかった。心理的安全性は、単なる職場
　　　の個性ではなく、リーダーが生み出せるし生み出さなければならない職場の特徴
　　　だということである。さらに次のこともわかっている。私がその後研究してきた
　　　どの会社や組織においても、きわめて強力な企業文化をもつ場合でも、心理的安
　　　全性はグループによって著しく異なっていたのだ。（Edmonson 2019: 13; 2021:
　　　37）

　エドモンソンによれば、心理的に安全な環境であるグループにおいては、対人関係のリスクが軽減され、その意味で「恐れのない」（fearless）グループとなる。エドモンソンは、VUCA（Volatility・Uncertainty・Complexity・Ambiguity の頭文字をとった造語）の時代において、心理的安全性は今日の組織にとっては「あったほうがよいもの」ではなく、「才能を引き出し、価値を創造するためになくてはならないもの」だと指摘する（Edmonson 2019: 26-27; 2021: 51-52）。

　この心理的安全性は、人々のグループ内での発言のあり方にも関わる。私たちは、グループの構成員と対話をする際に、自らが発言することに一定のリスクを感じることがある。グループ内で自らが発言することによって、その発言の内容からグループの構成員に自らの無知が明らかになり、他者から自らの

能力が低く評価されるリスクを感じることがあるからである。

　このグループ内での発言に際しての恐れは、グループ内での対人関係のリスクの代表的なものの一つである。グループの構成員は、こうした対人関係のリスクに対して、意識的に、あるいは無意識的に対応しようとする。そのリスクに対応する方法の最たるものが「沈黙」であろう。ただし沈黙による対人関係のリスクへの対応は、結果として、疑問や懸念があっても、率直にグループ内での疑問や問題点について発言したり、他者と話し合ったりすることをやめてしまうことになる。このような沈黙は、グループのパフォーマンスに与える否定的な効果から、「危険な沈黙」（dangerous silence）と呼ばれる。対人関係のリスクを回避する際には、「発言しない」という態度が最も容易に取られうる選択肢であるが、これによって本来グループで検討されるべき問題点が覆い隠されてしまうことになるからである。

　ただし、グループ内で発言する際に、発言する個人に何らかの理由に基づいた自信があれば、グループにおける対人関係のリスクを受け入れることは不可能ではない。たとえば、グループで話し合われていることについて自らが専門的な知識を持っていると感じられるときや、発言の内容がグループの構成員に否定されたり、自らの能力が低く評価されたりすることに対して恐れを感じる必要のない立場や地位に自らがあると感じられる場合には、自らが発言することに対して一定の自信を持つことができ、発言はしやすくなるだろう。ただし、そのような状況はグループ内における特定の個人や、特定の時点に限られるのであって、心理的に安全でない環境においては、グループ内で自らの意見を述べ、他者と対話することは容易ではない。エドモンソンは以下のように述べている。

　　建設的な考えについて率直に話すのは、ミスのことを話すより簡単だと、あなたは思うかもしれない。では今、あなたは職場にいて、自分の考えは建設的だ、あるいは注目に値するという自信を95パーセント持っているとしよう。あなたは多分、何ら苦労することなく発言できるだろう。では、やはり職場にいるが、自分の考えに40パーセントしか自信がないと想像してみよう。多くの人は躊躇し、同僚が受け容れてくれるかどうか状況をうかがおうとするだろう。つまり、

　述べようと思う事柄の価値や正確さに大いに自信があるときには、さっと口をひ
らいて発言する可能性が高い。だが、考えや知識にあまり自信がないときは、尻
込みしてしまうかもしれないのだ。(Edmonson 2019: 38; 2021: 67)

　エドモンソンが『恐れのない組織』において事例として挙げているように、
たとえば医療現場では、医療ミスや、医療ミスにつながりうるような課題につ
いて率直に発言する環境が確保されていなければ、患者の命に関わるような重
大な事件が生じる可能性は高まることになる。したがって、職場が心理的に安
全な環境であることは、対話を通して課題をあぶり出し、その解決方法につい
て検討することを容易にする。しかし、もし心理的に安全な環境でなければ、
発言をとおして自らの能力が低く評価されたり、問題を指摘することによって
自らが制裁を受けたりするリスクを恐れて、職場での問題や課題は明らかにな
らないことになるだろう。エドモンソンは、心理的安全性と対人関係のリスク
との関係を次のように説明している。

　心理的安全性とは、支援を求めたりミスを認めたりして対人関係のリスクを
とっても、公式、非公式を問わず制裁を受けるような結果にならないと信じられ
ることだ。心理的に安全な環境では、失敗しても支援を求めても、ほかの人たち
が冷たい反応を示すことはない。それどころか、率直であることが許されている
し期待されてもいるのだ。(Edmonson 2019: 15; 2021: 40)

　このエドモンソンの論述から、心理的安全性とは「対人関係のリスクをとっ
ても、公式、非公式を問わず制裁を受けるような結果にならないと信じられる
環境」として理解することができよう。
　ただし、エドモンソンによれば、心理的に安全な環境が確保されているか
らといって、そのグループが大きな成果を出すことが約束されるわけではな
い。確かに、エドモンソンの先の引用からもわかるように、心理的安全性は対
人関係のリスクについての不安を軽減させる。だが、そのグループが大きな成
果を上げられるか否かは、社会的な状況など、複合的な要素に左右されると考
えられよう。その意味で心理的安全性は、あくまで本来グループが発揮するこ
とのできるパフォーマンスを可能にするものであり、グループのパフォーマ

ンスを減少させないことを可能にするものである（Edmonson 2019: 21; 2021: 48）。

　またエドモンソンによれば、心理的安全性は一度確保されれば何の努力もなく継続して確保されるような、固定的なものではない。心理的安全性はグループの中で十分に確保されている時期もあれば、グループのリーダーのリーダーシップのあり方や、グループの構成員の関係性の変化により十分なものでなくなることもありうる。その意味で、心理的安全性は固定的なものではなく、あくまで流動的なものであるということができる（Edmonson 2019: 189; 2021: 232）。

## （2）　信頼と心理的安全性

　この心理的安全性の概念は、信頼の概念と類似するものとして捉えることもできるように思われるかもしれない。信頼に関する先行研究の多くが言及してきたように、信頼をある種の「期待」として捉えるのならば[1]、心理的安全性もまた、「対人関係のリスクをとっても、制裁を受けるような結果にならないことへの期待」として捉えることができるように思われるからである。実際、エドモンソンは心理的安全性と信頼の概念が、いずれもリスクや脆弱性（vulnerability）についての認識を含んだ心理的状態を説明するものであり、またそれらがグループの活動において、損失を最小限なものとし、ポジティブな結果をもたらす可能性がある点で共通点を有するという（Edmonson 2004: 243-244）。

　だがエドモンソンは、心理的安全性を信頼（trust）とは異なるものとして示している。エドモンソンによれば、信頼は個人間あるいは組織間での相互作用であるのに対して、心理的安全性はグループレベルで経験されるものであるという点で異なる。また信頼が比較的遠い未来を含む、幅広い時間的範囲にわたって予想される結果に関わるものであるのに対して、心理的安全性は、非常に短期的な対人関係の結果に関わるという点でも異なっている。つまり信頼と心理的安全性は、グループレベルでの事象であるということ、それが関わる時間的な範囲において異なるということができる（Edmonson 2019: 16-17;

2021: 42-43）。


## 3.　哲学対話における知的安全性の概念

　ここまで考察してきた心理的安全性の概念は、企業や行政機関をはじめとする組織を中心に考察するなかで展開されてきた。これに対して、昨今の学校教育でなされている実践に目を向けると、心理的安全性に類似した、学校教育における対話的な学びにおける他者との関係性を説明する概念として「知的安全性」の概念が挙げられる。

　この知的安全性の概念は、すでに学校教育において道徳科をはじめとするさまざまな場で取り入れられている学びの方法である、「哲学対話」や「子どもの哲学」（philosophy for/with children：P4C などと略される）において展開されてきた概念である。子どもの哲学とは、アメリカで M. リップマンによって提起された「子どものための哲学」と呼ばれる教育実践プログラムをはじめとした諸実践を指すものであり、教室で教師と児童生徒が特定の問いやテーマをめぐって、対話をとおした探究を行う試みである。

　現在子どもの哲学は世界各地においてさまざまな形で実践されているが、リップマンが提示した「探究の共同体」の考えは、子どもの哲学の実践において依然として重視されている。この「探究の共同体」（community of inquiry）という言葉は、C.S. パースによって示されたものとされる（Lipman 2003: 20-21; 2014: 22）。これは本来、科学的な探究を進める科学者の共同体を念頭に置いて用いられた言葉であったが、リップマンが子どもの哲学と結びつけて用いた後には、子どもの哲学において対話をとおして問いの探究を進める共同体を指す言葉として用いられるようになっている。

　リップマンが子どもの哲学をとおして主張するのは、教室を「探究の共同体に変える」ことである。「生徒たちが敬意を持ちつつ互いに意見を聞き、互いの意見を生かしながら、理由が見当たらない意見に質問し合うことで理由を見いだし、それまでの話から推論して補い合い、互いの前提を明らかにする」共

同体を教室において形成することが、教室を「探究の共同体に変える」ことになる（Lipman 2003: 20; 2014: 22）。子どもの哲学においては、参加者が輪になって座り、互いに対等に相手の言葉に耳を傾け、それぞれの顔を見ながら話すという対話の環境づくりがなされるが、これも教室を「探究の共同体に変える」ことを目指して生み出された方法であるといえる。

　このリップマンの子どもの哲学の内容に着想を得て、ハワイスタイルと呼ばれる子どもの哲学を展開したT.E.ジャクソンは、子どもの哲学において、対話者の間で知的安全性が求められることを指摘している。

　　　やさしいソクラテスの探究は、対話と探究が繰り広げられる文脈が発展することによって、はじまります。なによりもまず、教室が、身体的にセーフな場所でなくてはなりません。同様に、対話と探究が生じるためには、教室は、情緒的にも知的にもセーフな場所でなくてはなりません。情緒的にも知的にもセーフな場所には、こきおろしはありません。けなしたり、傷つけたり、否定したり、侮辱したり、からかったりする発言はありません。(Jackson 2019: 6; 2017: 6)

　ジャクソンは、知的に安全であることは「コミュニティのすべての成員に対して敬意が払われる限り、コミュニティのすべての参加者は、実質的に、あらゆる観点からあらゆる質問と発言を自由にしてよい」状態であることだと述べている（Jackson 2019: 6; 2017: 6）。つまり知的安全性とは、対話をする空間が、その共同休に参加するすべての人の発言やその内容がその共同体の中で尊重されており、自分が感じていること、言いたいと思うことを率直に話すことができる場であるということを意味している。したがって、知的に安全であるということは、特定の参加者だけが安心して対話の場において発言できる状況にあるということを意味しない。それはすなわち、その空間が、すべての参加者が互いに尊重され、安心して対話に参加することのできる場となっていることを意味している。

## 4.　心理的安全性と知的安全性

　ここまでに考察してきた心理的安全性と知的安全性は、いずれも発言や対話に際しての環境や他者との関係性に関わる概念であり、いくつかの点で類似点を有するといえる。ここではいずれにも共通する要素として、①グループ内での発言や対話に際しての心理的に安全な環境や、他者との関係性を指すものであること、②グループ内での発言や対話に際して感じうる対人関係のリスクを軽減させるものであるということが指摘できる。以下では、この①と②の類似点についてもう少し詳しく見てみよう。

　心理的安全性がグループの環境を指すものであることは、エドモンソンが信頼と心理的安全性の相違点について述べる際に、心理的安全性がグループレベルで経験されるものであるとしていたことからもわかるだろう。心理的安全性は単なる個人の心理的状態や個人間の相互作用を指すものではなく、そのグループの環境や他者との関係性を指す概念である。

　それでは、子どもの哲学における知的安全性についてはどうだろうか。たとえば高橋綾は、子どもの哲学における知的安全性の考え方が、対話の参加者の間での関係性を重視するなかで生じてきたものであることを指摘している。

　　「セーフな探求のコミュニティ」では、考え、発言する主体としてだけでなく、身体や感情を持つ存在として対話者が捉えられており配慮がなされるべきであるとされていること、また、ある人があることを「言いたいこと、感じていることがあるのに言えない」のは、その人個人のせいではなく、その場（関係性）の影響があるとする点も、西洋的な個人主義ではなく関係性を重視するという特徴がある。（高橋　2017: 30）

　子どもの哲学は教室を探究の共同体へと変えることを目指して実践されてきたものであり、対話の参加者の間で、探究が可能となる関係性の形成を主たる目的としているのだと考えることができる。高橋も指摘しているように、リップマンが探究の共同体を特徴づける15の項目の最初のほうに、共同的関

係の形成に関わる項目を挙げているのはそれゆえである（高橋 2017: 29）。心理的安全性と知的安全性はいずれも単なる個人の人格的特性ではなく、グループで対話に関わる人々の間での心理的に安全な環境や関係性を指すものであるということができる。

　また、心理的安全性と知的安全性は、いずれもグループ内での対人関係のリスクに関わっている。いずれもグループ内において確保されることで、発言や対話に参加するなかで自分の意見や人格が否定されることへの恐れや、自らが他者から低く評価される可能性に対する恐れを軽減させることができる。これらの点において、心理的安全性と知的安全性は類似点を有すると言えるだろう。

　ただし、心理的安全性と知的安全性には相違点もあると思われる。たとえば心理的安全性は主に経営学で用いられてきた概念であり、心理的に安全な環境を確保することの目的は、そのグループのパフォーマンスを上げることにある。ここでいうパフォーマンスとして主に考えられるのは、商品開発において新たなアイデアを生み出したり、提供するサービスの内容を改善したりするといったことが挙げられるだろう。これらの目的は、学校教育が目的とするものとは異なるように思われる。学校教育の目的が「教育基本法」で示されているような「人格の完成」や、あるいは児童生徒の資質・能力の育成に求められるとすれば、心理的安全性は必ずしもそうした学校教育の目的の達成を念頭に置いて見いだされてきた概念ではない。エドモンソンの心理的安全性に関する研究は、教室における児童生徒のグループを主たる対象として進められてきたわけではなく、その意味で心理的安全性は学校教育の目的と直接結びつくものではないように思われる。

　また何より、心理的安全性に関する研究は、子どもの哲学のように対話をとおした「探究の共同体」を形成することを目的としたものではない。したがって心理的安全性に関する研究は、リップマンがいうような対話をとおして「真理」を求めたり、「意味」を問うことを前提とした児童生徒のあり方を直接示すものではないと考えられる（Lipman 2003: 94-95; 2014: 135）。

　しかしこのことは、心理的安全性が学校教育における学びと関係を持たな

いということを意味するものではない。むしろ筆者は、心理的安全性は学校教育において対話的な学びを成立させるうえで深く関わるものであると考えている。

　その理由について考えるうえで、エドモンソンのいう「learn-what」と「learn-how」の区別が手がかりになるかもしれない。「learn-what」とは、対象に対する個人による自主的な学習行動を指す。たとえばこれは、個人で教科書を読み、そこに記載されている知識の内容を把握するといった学習行動が挙げられる。これに対して、「learn-how」とは、チームベースでの学習活動を指す。たとえば、複数人での対話をとおして互いの学習内容を共有したり、異なる意見を提案しあったりする学習活動が挙げられるだろう。昨今の学校教育において言われる「対話的な学び」が指すものは、この区別に従えば「learn-how」であろう。

　エドモンソンは、北米の病院における心理的安全性に関する調査をとおして、心理的安全性と「learn-what」の学習行動には統計的関係がなく、「learn-how」の学習行動に際しては心理的安全性が対人関係のリスクを克服することにつながり、学習行動を促進する結果が得られたことを指摘している（Edmonson 2019: 36-37; 2021: 64-65）。このことを踏まえれば、教室において心理的に安全な環境が確保されることは、子どもたちが自らの意見を率直に述べることを可能にし、学校教育における対話をとおした学びを促すことにつながることが期待されるだろう。


## 5.　道徳科における対話的な学びと心理的安全性


　では心理的安全性は、学校教育のなかで、特に道徳科における「考え、議論する道徳」にどのように関わると考えられるだろうか。昨今、哲学対話や子どもの哲学の対話の方法は、道徳科の実践においても取り入れられている。この哲学対話や子どもの哲学の対話においては、知的安全性を確保することを一つの目的として、一定のルールを共有したうえで実践されることがある。たと

えば梶谷真司は、自らが哲学対話を進行する際に共有するルールとして、①何を言ってもよい、②人の言うことに対して否定的な態度をとらない、③発言せず、ただ聞いているだけでもよい、④お互いに問いかけるようにする、⑤知識ではなく、自分の経験に即して話す、⑥話がまとまらなくてもよい、⑦意見が変わってもよい、⑧わからなくなってもよいといった8つのルールを挙げている（梶谷 2018: 47）。道徳科においては、子どもの哲学の方法が取り入れられるときだけでなく、教科書を用いた対話的な学びがなされる際にも、上記のようなルールを共有することを一つの例として、授業の参加者が自らの意見を述べたり、落ち着いて考えを深めたりすることを恐れることなくできる、心理的に安全な環境を確保する方途が求められるといえるだろう。

　また、子どもの哲学においても、心理的安全性に関する研究においても、対話の参加者が誰も絶対的な答えを持っているわけではないということを前提としていることは、道徳科における対話的な学びの前提を考えるうえで重要である。心理的安全性に関する研究において、グループのリーダーのリーダーシップが重要視されていることは前述したが、とくにエドモンソンは、心理的に安全な環境であるグループにおけるリーダーに求められる思考として、「状況的謙虚さ（situational humility）」を挙げている。ここでいう状況的謙虚さとは、「自分はすべての答えをもっているわけではなく未来を見通すことはできないと、率直に認めること」を意味する（Edmonson 2019: 168; 2021: 209）。つまり、自らにとって未知な事柄が存在することを受け入れ、解決方法が未知である問題の解決に向けてグループの参加者と協働する思考を有することが、グループのリーダーには求められることになる。

　では、学校教育における対話的な学びにおいて、エドモンソンが指摘するグループのリーダーの状況的謙虚さはどのように関わるだろうか。この問いを考えるうえでは、まず教室での学びのリーダーとして考えられるのはどのような立場にある人物か想定しておくことが必要だろう。ここでは、教室での学習活動においてリーダーとみなしうる人物として教師を挙げて考えてみたい。教師には、児童生徒を導く立場として、学習の目標を示したり、学習の目標の達成を高めていくために、児童生徒を援助したりすることが期待されている。目標

を示したり、目標の達成に向けてグループの構成員を支援したりする役割は、グループのリーダーに求められる役割であり、それゆえに教師は教室の活動において リーダーとみなしうる立場にあるといえるからである。

　教師を教室における学習活動のリーダーとみなすならば、そして心理的に安全な環境を形づくるリーダーに求められる思考として状況的謙虚さが求められるとすれば、教師にもそれが求められることになるだろう。教師が、自らが教室で生じる問いのすべてに答えを持っている存在ではないということを率直に認め、教師自身も対話をとおして学んでいくことのできる参加者の一人であることを児童生徒に示すことによって、児童生徒も心理的に安全な環境の中で恐れることなく自らの意見を示すことが可能になると考えられる。

　さらに教師が状況的謙虚さを有することは、児童生徒が心理的に安全な環境で対話できるようにすることに関わるだけでなく、教師自身が授業において心理的に安全な環境で児童生徒と対話できるようにすることにも関わると考えられる。なぜなら、対話的な学びにおいては、教師は教室においてリーダーとみなされうる者であると同時に、教室における学びの参加者の一人ともみなされうるからである。したがって、児童や生徒だけではなく、教師にとっても心理的に安全な環境であることは教室における対話的な学びを成立させるうえで重要である。

　ただし、教師はその立場ゆえに、教室での対話において児童生徒とは異なる、一定の対人関係のリスクにさらされうる。教師は学校教育の多くの場面で、児童生徒を指導する立場にあり、教室内で生じるさまざまな問いに対する答えを示すことを期待される立場にあるからである。この期待に教師が過度に応えようとすれば、児童生徒に対して自らの状況的謙虚さを示し、対話の参加者として自己を示すことは困難となる。

　この問題は、教師が自身をどのような存在として捉えるのかという問いにも関わっている。教師自身が、正しい知識や技能を教師から児童生徒へと伝達する教師像を強く持っている場合、自らの「答えを提示する存在であらねばならない」という意識の下で、教師は児童生徒との関わりにおいて一定の人間関係のリスクを感じることとなりうる。

　もし教師もまた自らの置かれた立場から対人関係のリスクを強く感じ、教室において恐れることなく発言することのできない状況にあるのならば、その教室は心理的に安全な環境であるとはいえないだろう。たとえば子どもの哲学においても、教師を含めた対話の参加者が、自ら「わかっていない」ということを示すことができない環境は安全であるとはいえず、対話を通しての探究が困難となることが指摘されている。

　　　本当はわかっていないのにわかっているふりをしたり、疑問をもって当然の文脈にありながら、質問するのを怖がる人はみな、セーフでない場所の脅威を感じています。セーフティーは、探究が育つための土台です。(Jackson 2019: 7; 2017: 6)

　子どもの哲学においては、教師はあくまで「生徒の指導者でも知識人でもなく、むしろ、生徒たちとの対話における『共同―探究者 (co-inquirer)』」である (Jackson 2019: 6; 2017: 5)。教師は児童や生徒に、知識を与える存在ではなく、あくまで対話の参加者であり、共に探究する存在なのだということができる。

　教師を児童生徒と共に探究する存在として捉えることは、子どもの哲学においてだけではなく、学校におけるさまざまな対話的な学びの場面において重要なことであると考えられよう。なかでも、答えが1つではない道徳的な課題に向き合う道徳科の学びにおいては重要であると考えられる。なぜなら、教師と児童生徒が共に探究する存在として心理的に安全な環境で、対話を通して考えを深めることが可能でなければ、道徳科における答えが1つではない課題に他者と共に向き合うことは困難だと考えられるからである。道徳科における対話的で深い学びを可能にする前提には、状況的謙虚さの思考を持った教師のリーダーシップをとおして、教室における対話の参加者が心理的に安全な環境にあることが求められるのだといえよう[2]。

## お わ り に

　本章では、学校教育における対話的な学びが成立する前提について、心理的安全性の概念に注目して、対話における他者との関係性について論じてきた。また、とくに答えが1つではない道徳的な課題に向き合う道徳科においては、教師と児童生徒が共に心理的に安全な環境で考えを深めていくことが必要であることを確認した。

　先に引用した学習指導要領解説においても述べられているように、道徳科における学びには「今後グローバル化が進展する中で、様々な文化や価値観を背景とする人々と相互に尊重し合いながら生きる」「人としての生き方や社会の在り方について、時に対立がある場合を含めて、多様な価値観の存在を認識しつつ、自ら感じ、考え、他者と対話し協働しながら、よりよい方向を目指す」資質・能力の育成が期待されている。こうした資質能力の育成にあたっては、心理的に安全な環境を確保し、教師と児童生徒が共に恐れることなく対話し、考えを深めていくことのできる場を形成していくことが不可欠であろう。そして、この心理的に安全な環境を学校教育の場で実現するためには、引き続き学校教育における共同探究者としての教師の立場について理解を深めていくとともに、児童生徒と教師との関係性に関する研究を進めていくことが必要であるように思われる。これらは今後の課題である。

注
1)　たとえば山岸俊男は、信頼を「相手の意図に対する期待」として定義している。これについては、山岸（1998: 37）を参照。
2)　この「共同探究者」としての教師像は、昨今主張されている「ファシリテーター」や「支援者」としての教師像とも重なる。2021年1月26日の中央教育審議会答申においても、個別最適な学びと協働的な学びの実現を目指すにあたって教師に求められる能力として「ファシリテーション能力」が挙げられている。ただし、ファシリテーターとしての教師像が、本章で挙げるリーダーとしての教師像とまったく異なるものを示しているかといえばそうではない。たとえば堀公俊は、ファシリテーションを支援型のリーダーシップとして挙げている（堀　2018: 26-31）。ここでは詳述できないが、ファシリテーション能力はリーダーシッ

プの一部として捉えることもでき、したがって、児童生徒の学びを支援するファシリテーション能力は支援型のリーダーとしての教師像に求められる能力の一部として捉えることもできる。ファシリテーターとしての教師像は、必ずしも教師にリーダーシップを求めることと相反するものではなく、多分に重なり合う部分を有していると考えられる。

### 引用・参考文献

※邦訳が存在する外国語文献については、それらを積極的に活用した。ただし、引用に際しては、便宜上、訳語を変更した箇所がある。

梶谷真司（2018）『考えるとはどういうことか ― 0 歳から 100 歳までの哲学入門 ―』幻冬舎。

高橋綾（2017）「哲学対話とスピリチュアルケア」『Co＊Design』(1)、25-44 ページ。

堀公俊（2018）『ファシリテーション入門〈第 2 版〉』日経文庫。

文部科学省（2018a）『小学校学習指導要領（平成 29 年告示）解説 総則編』東洋館出版社。

文部科学省（2018b）『小学校学習指導要領（平成 29 年告示）解説 特別の教科 道徳編』廣済堂あかつき。

山岸俊男（1998）『信頼の構造 ― こころと社会の進化ゲーム ―』東京大学出版。

Edmonson, A. C.［エドモンソン］(2004) "Psychological Safety, Trust, and Learning in Organizations: A Group-level Lens", *Trust and Distrust in Organizations: Dilemmas and Approaches*, edited by Roderick Kramer and Karen Cook, New York: Russell Sage Foundation, 239-272.

Edmonson, A. C.［エドモンソン］(2019) *The Fearless Organization: Creating Psychological Safety in the Workplace for Learning, Innovation, and Growth*, New Jersey: John Wiley & Sons. (野津智子訳（2021）『恐れのない組織 ―「心理的安全性」が学習・イノベーション・成長をもたらす ―』英治出版)。

Lipman, M.［リップマン］(2003) *Thinking in Education (Second Edition)*, New York: Cambridge University Press. (河野哲也・土屋陽介・村瀬智之監訳（2014）『探求の共同体：考えるための教室』玉川大学出版部)。

### Web サイト

Jackson, T. E.［ジャクソン］(2019) "Gently Socratic Inquiry", https://p4chawaii.org/wp-content/uploads/Gently-Socratic-Inquiry-2019.pdf, accessed 2022-11-30（田端健人訳（2017）「やさしいソクラテスの探究」、https://p4chawaii.org/wp-content/uploads/ やさしいソクラテス 15v3120517-1.pdf、2022 年 11 月 30 日アクセス。)

### 付記

本研究は JSPS 科研費 JP22K13624 の助成を受けたものです。

# 第9章

## 英語学習における持続可能な動機づけ
### ― 全人的視点から ―

菅原　健太

## は じ め に

　グローバル社会の中で、「第二言語（second language）」の学習を促進する持続可能な「動機づけ（motivation）」について、近年、研究が盛んに行われている。たとえば、グレガーセンとマッキンタイアらは、第二言語習得における動機づけ研究において代表的な理論である「社会教育モデル（socio-educational model）」に、ポジティブ心理学からの知見を加えて、長期にわたる言語学習と生涯にわたる「健全な幸福感（well-being）」を関連づける試みを示した（Gregersen et al. 2020）。さらに、心理言語学者のドルニェイらは、既存の第二言語習得における動機づけ理論を統合し、動機づけの先端的研究から「自己制御スキル（self-control skills）」に関わる知見を加えて「長期間の動機づけの概念枠組み（A framework for long-term motivation）」を提唱した（Dörnyei & Henry 2022）。

　本章の目的は、以上の動機づけ研究を中心としたレビューを踏まえ、日常生活において英語の使用が限られる環境で、英語学習における動機づけを維持・回復できる仕組みについて明らかにすることにある。本章からは、主に日本の文脈で「外国語としての英語（English as a foreign language：EFL）」を学んできた高校生以上の学習者層が、自らを動機づけて英語学習を軌道に乗

せるための指針が得られる。


### 1. 全人的な視点に基づく動機づけとは？

　日常会話において、「友人のAさんは、何事にもよくがんばる人だ」、「クラスメートのBさんは、クラスを盛り上げるキャラだ」、「Cさんは、語りだすと止まらない」など、動機づけに関する話題は広く見聞きすることであろう。一般的に、動機づけに関わる話題には、やる気をはじめ、好意的な態度、好感を持てる理由、がんばれる理由、やり遂げる意志、没頭できる活動、楽しいと思える瞬間、満足感、期待や自信、危機感による回避、さらに、信念や価値・美徳などが含まれる。ドルニェイらによると、広い意味を持つ動機づけに関して、それを分析するための有効な3つの問いは、ある活動において①「がんばれる理由は？」、②「どの程度、熱意を持って取り組めているか？」、さらに、③「どのくらい長く取り組めているか？」である（Dörnyei & Ushioda 2011, 2021）。また、動機づけに関わる個人の特徴には、場面状況や発達段階において変わりにくい面と、これらによって変わりやすい面が存在する（Dörnyei & Ryan 2015）。

　このように、動機づけは、さまざまな要因を含み、さまざまな視点から捉えることができる。長期にわたり動機づけが持続する仕組みを理解しようとするなら、人間の心と行動を全人的な視点から理解する試みが欠かせない（Dörnyei 2020; Sugawara 2012；菅原・佐藤　2021）。

　ドルニェイらが主張するように、上述の試みにおいて有用な理論枠組みが、全人的な視点から個性・パーソナリティの発達過程に関する理解に向けて、マックアダムスらが提唱した「ニュー・ビッグファイブ・モデル（New big five model）」（McAdams & Pals 2006）である（Dörnyei 2020; Dörnyei & Ryan 2015）。このモデルは、後述する「(1) 傾性的特性（dispositional traits）」「(2) キャラクターによる適応（characteristic adaptations）」「(3) 統合的ライフ・ナラティブ（integrative life naratives）」の3要素から成り立つ。

## （1）　傾性的特性

　個人の特徴のなかでも、傾性的特性とは、どの場面状況でも、何歳になっても変わりにくいパーソナリティ特性である。たとえば、同窓会で当時の友人やクラスメートから、「昔から変わらないね」と語られる性質・気質である。心理学では、パーソナリティ特性について、さまざまなモデルに基づきその分類が行われてきた（Cervone & Pervin 2019）。なかでも、最も注目を浴びてきた特性が、世の中に存在する形容詞を徹底的に集め、因子分析を通じて浮上したビッグファイブ・モデルを構成する５因子である。この５因子とは、①「情緒不安定性（nuroticism）」、②「外向性（extraversion）」、③「体験への開放性（openness to experience）」、④「友好性（agreeableness）」、⑤「実直性（conscientiousness）」である（Cervone & Pervin 2019）。これらの要素の強さから、個人の変わりにくい一貫した特徴を捉えることができる（McCrae & Costa 2013）。

## （2）　キャラクターによる適応

　社会生活を営むなかで、傾性的特性よりも場面状況や発達段階によって変わりやすい個人の特徴が、キャラクターによる適応である（Costa & McCrae 1994）。この種の適応とは、特定の人物が、「何を欲しがっているか」「何に価値を感じるか」「どのように欲しいものを見つけ出し、恐れる物事を回避するか」「どのような計画や目標を立て、人生を歩んでいくか」（McAdams & Pals 2006: 208）といった問いに対する答えである。具体的には、特定のコミュニティへの適応を促す要素として、その人の物事の認識や重要な他者からの影響、また、成長とともに形成されていく自らの将来像に基づく動機づけや行動パターン、さらに、価値や美徳などの信念から特徴づけられる個性である（McAdams & Pals 2006）。特性に加えて、このような特定の場で現れる個性と周囲の環境との相互作用によって変化するキャラクターによる適応力は、特定の人物について全人的な視点から理解するうえで欠かせない。

## （3）　統合的ライフ・ナラティブ

　特性とキャラクターによる適応に加えて、特定の人物について理解していくためには、その人が自分の人生について語った内容を深く分析することが有効である（McAdams 2019）。統合的ライフ・ナラティブとは、過去の出来事を再解釈し、今後の人生について想い描くなかで、その意味や目的を見いだしていくための語りである（McAdams & Pals 2006）。また、そのなかで、自分の考えや行動パターンに一貫性を求める過程で新たに確立したアイデンティティについての語りを含むものである。とくに、その種の語りのなかでも、辛く悲しい出来事に対して向かい合い、その克服に向けて取り組み、前向きな気持ちで新たな日々へと歩めているストーリーには、その当事者の心理的成長や幸福感が次第に表れてくる（McAdams & Pals 2006; McAdams 2013）。さらに、自己を定義づけてライフ・ストーリーを築いていくための指針には、その人物が所属するコミュニティが持つ文化的規範や価値が含まれている。このように、特定の人物による統合的ライフ・ナラティブからは、その人唯一の生涯について理解を深めることができる。

　上述のニュー・ビッグファイブ・モデルを構成する3要素を包括し、全人的な視点から動機づけを長期にわたり維持できる仕組みについて理解を目指す試みが、第二言語の習得に関わる動機づけ研究の領域においてみられる（Dörnyei 2020; Dörnyei & Henry 2022）。第二言語をマスターするには、その目標に向けて長期間コミットメントするなかで、その言語の話者として新たなアイデンティティを確立できるまでに至る必要があり、それを可能にする知見が求められているためである（Dörnyei & Ushioda 2011; 2021）。この目的に沿って、近年、既存の第二言語習得に関わる動機づけモデルにポジティブ心理学からの知見を加えて再概念化する試みがみられる。次節では、この試みについて取り上げる。

## 2.　第二言語習得における動機づけと幸福論

　第二言語習得における動機づけ研究では、この領域において代表的な理論である社会教育モデルにポジティブ心理学からの知見を加えて再概念化できる可能性に基づき、このモデルの価値が再評価されている（Al-Hoorie & MacIntyre 2020）。この発展動向を踏まえ、本節では、（1）社会教育モデル、（2）社会教育モデルの再評価、（3）社会教育モデルと国際的な場への参加動機、（4）国際的な場で談話に加わるコンピテンス（能力）の順で論じ、英語学習における動機づけに関連づける。

### （1）　ガードナーらによる社会教育モデル

　社会心理学者のガードナーらは、カナダの英語母語話者とフランス語母語話者が共存する地域コミュニティで、両者がお互いの言語を学び合い、良い関係性を築くための指針として社会教育モデル（図 9-1）を提唱した。このモデルの核である「統合的動機づけ（integrative motivation）」は、「統合性」と「学習状況への態度」、そして、動機づけから成り立つ。統合性とは、目標言語コミュニティへの好意的な態度や、そこに属する人々との交流への興味、さらに、そのコミュニティに自ら同化していく意欲である（Gardner 1985; Gardner & Lambert 1959）。学習状況への態度とは、教室内外に存在する目標言語を学べる場面を自分がポジティブに捉えているかである。これらの心理面が支える動機づけとは、目標言語をマスターすることへの努力度や想いの強さである。社会教育モデルによると、統合的動機づけに加えて、言語学習に関わる他の動機づけ要因（たとえば、進学や就職に有利だと捉える道具的動機）や、「適性（aptitude）」「不安（anxiety）」などの心理的側面、さらに、目標言語コミュニティが持つ価値などの社会要因が、言語学習における到達度を決定づける（Gardner 1985; 2001）。

　ガードナーらは、この考えの下で開発した質問紙「AMTB（The Attitude/Motivation Test Battery）」を用いて、数多くの国々で行った調

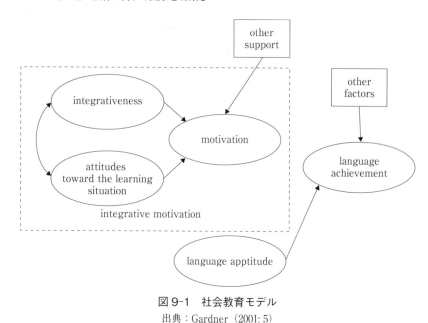

**図 9-1　社会教育モデル**
出典：Gardner（2001: 5）

査をもとに、社会教育モデルがどの社会文脈でも当てはまると主張している（Gardner 2019）。

### （2）社会教育モデルの再評価

　社会教育モデルは、その提唱から 60 年以上が経過しているが、現在でもその価値が応用言語学において広く認められている（Al-Hoorie & MacIntyre 2020）。とくに、このモデルの核である統合的動機づけは、言語学習・教育における心理学分野において、生涯にわたる健全な幸福感（ウェル・ビーイング）について探究するポジティブ心理学の知見が導入されるようになってから、再び脚光を浴びている（Gregersen et al. 2016）。たとえば、グレガーセンとマッキンタイアらは、統合的動機づけの 3 要素が、セリグマン（2011）の幸福を導く枠組み「PERMA」を構成する 5 要素、①「ポジティブな感情（Positive emotion）」、②「エンゲージメント（Engagement）」、③「関係性（Relationships）」、④「意味（Meaning）」、⑤「達成（Accomplishment）」と

関連づくと主張している（Gregersen et al. 2020）。

　PERMA におけるポジティブな感情とは、フレドリクソン（2001）の「拡張・形成理論（broaden-and-build theory）」に基づき、自分の周囲で起こった出来事をポジティブに解釈できる状態である。この状態が、新たな視点や考えに対して、心を開き、取り入れてみようという前向きな気持ちを呼び起こす。続いて、エンゲージメントとは、特定の活動を遂行するなかで、自分が持っているスキルと新たにチャレンジが必要な課題とのバランスが良く、夢中になれて心から楽しめる状態である。また、その最善の状態であるフロー体験（Csikszentmilhalyi 1990）を含むものである（Seligman & Csikszentmilhalyi 2000）。関係性とは、所属や愛情を求めること、そのなかで、世話をしてくれる人や世話をしたい相手を求める気持ちであり、自律性（autonomy）や有能感（competence）とともに、基本的欲求を満たす要素（Richard & Deci 2017）である。意味とは、自分の影響力について重要な他者やコミュニティ全体への貢献度から確認できるなかで、自らの目的に沿って意味のある人生を歩めているとの認識である。この認識は、自分に満足感をもたらすものである（Gregersen et al. 2020; Seligman 2011）。最後に、達成とは、目標に近づくために長期間、いくつもの課題に辛抱強く取り組めて、知識やスキルが向上し、実際に目標を達成できた経験である。この経験は、自尊心（self-esteem）や自己効力感（self-efficacy）を高めてくれるものであり、困難な状況でも諦めず、チャレンジする力を支える要素となる（Gregersen et al. 2020; Seligman 2011）。

　上述のとおり、PERMA は、環境や物事の変化を前向きに捉え、新たな活動に楽しく没頭でき、そのなかで、他者と良い関係性を築きながら、自らの成長について振り返ることができる有意味な人生を達成するための条件を提示したものである。グレガーセンとマッキンタイアらによる主張（Gregersen et al. 2020）どおり、PERMA はライフ全般、一方で、社会教育モデルは言語学習に関わる動機づけ文脈を研究の対象としており、両モデルが扱う研究の領域において違いはある。しかし、両モデルの解釈から、長期的な目標を達成するための必要条件と、それを満たし健全な幸福感を得るためのおおむね共通した

指針を導き出すことができる。その条件・指針とは、社会的価値を有するコミュニティに自ら参入し、その場で中心的な参加者となるマインドを維持し、メンバーと共感し合える関係性を築きながら、新たなアイデンティティの形成に向けて日々のタスクに没頭できるコンピテンスを養うことである。

### （3） 社会教育モデルと国際的な場への参加動機

　前節で述べた社会教育モデルをポジティブ心理学の視点から再解釈する試みから、統合的動機づけの重要性が、特定の目標言語コミュニティを超えて、英語が公用語である国際コミュニティに参加する動機づけに関する議論のなかで再浮上している。たとえば、質的研究者であるウシオダが、統合性とは、興味関心を共有する者同士が集まる国際コミュニティで、参加者同士が実際に会って話し、お互いに意味のある時間を過ごすなかで、好意を持ち、接近していく現象であると主張している（Ushioda 2020）。そして、統合性を「Wine and conversation」（楽しく会話がはずむ食事会）の文脈で起こる気持ちの高ぶりにたとえている。

　ウシオダの主張どおり、統合性は国際コミュニティへの好意的な態度や、そこに属する人々との交流への興味、さらに、そのコミュニティに自ら同化していく意欲であり、英語学習における動機づけを促す要因である。この見方から、英語学習における統合的動機づけは、PERMA を用いて解釈できる。その解釈による統合的動機づけとは、自分が加わりたい国際コミュニティへのポジティブな感情から、そのコミュニティ内での活動に没頭でき、そのなかで、共感し合える関係性を築く過程で、新たなアイデンティティの形成に達し、幸福感を得るための原動力である。

### （4） 国際的な場で談話に加わるコンピテンス

　では、国際的な場に入り、その場で起こっている談話に自ら英語を話して加わるには、動機づけに加え、どのようなコンピテンスを養っておく必要があるのだろうか。この問いに対する答えの一部を社会教育モデルの考えに基づく第二言語で「自発的にコミュニケーションを図る意思（willingness to communicate: WTC)」に関する研究から得ることができる。

　1990年代に入り、マッキンタイアらは、統合的動機づけと第二言語でのコミュニケーション行動を促す心理要因の接点を探り、両領域の統合を目指した。そのなかで、第二言語でのコミュニケーション行動を頂点とするWTCモデル（図9-2）を考案した。この階層モデルの第Ⅱ層に位置するWTCとは、第二言語を使ってコミュニケーションをとる一歩手前の状態である。自分が第二言語を話して、その場で起こっている談話に自ら進んで参加しよう、踏み込もうとする意思の強さであり、実際の発話を決定づける直接の要因である。

　WTCに直に影響をもたらす要因が、第Ⅲ層の「特定の人物とのコミュニケーション願望」と、その人物とその場で「コミュニケーションをやり遂げる自信」である。これらの状況によって変化しやすい要因に対し、あまり変化しない要因として、第Ⅳ層の異なる民族・文化への接近意欲である「個人間・グループ間での動機づけ」と、自ら第二言語で話せる「自己自信」がある。さら

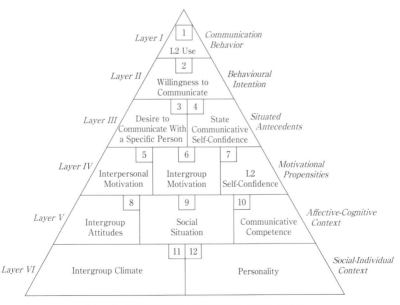

図9-2　第二言語におけるWTCの階層モデル
出典：MacIntyre et al.（1998: 547）

に変化が起こりにくい要因として、第V層には、異なる民族・文化への好意に基づく「グループ間の態度」がある。また、公用語の使用など、特定の「社会・場面状況」に存在する慣習やルールを受け入れることができる度合いや、これまで本人が築いてきた「コミュニケーション能力」がある。最後に、第VI層には、WTCへの直接的な関わりから最も遠い要因として、国家間をめぐる関係性の良し悪しといった「グループ間の思潮」と、個人のパーソナリティ特性（本章の第1節（1）を参照のこと）がある。

　WTCモデルに関しても、統合的動機づけと同様に、特定の目標言語コミュニティを超えて、英語が公用語である国際コミュニティの文脈に当てはめて解釈することができる。たとえば、一般的に国際学術会議では、参加者同士がお互いの考え・気持ちを率直に述べ合い、相互理解を目指す機会として、ランチやコーヒーブレイクの時間帯を十分に設けている。そのなかで、話したい相手との会話に踏み込むには、その相手と英語で談話をやり遂げる自信を事前に養っておく必要がある。また、自分と相手の間に存在する背景・経歴・年齢などの違いにとらわれず、対等かつ開放的に話し合うことが求められる慣習や場面状況に適応していかなければならない。さらに、八島（Yashima 2009）の主張どおり、世界で起こっている出来事への興味関心の下、世界中の人々と話したいと思える国際的志向性（international posture）が必要である。最後に、PERMAの視点からWTCモデルを解釈すると、国際コミュニティをポジティブに捉え、その場で話したい相手との談話に没頭でき、自らのコンピテンスを向上できた体験は、さらなる成長に向けて再びその場に参加する意思を支える原動力になる。

## 3. 第二言語のマスターに向けた長期的な動機づけの維持

　前節で述べた国際的な場への参加も含めて、第二言語のマスターに向けた行動から、長期的な動機づけを維持できる仕組みについて理解を目指す研究が、心理学における動機づけ科学の領域で注目されつつある（Elliot 2022）。

その研究領域で、実際に取り上げられた理論が、ドルニェイとヘンリーによる長期間の動機づけの概念枠組み（Dörnyei & Henry 2022）である。この枠組みは、ドルニェイらの研究グループが生み出した「動機づけの潮流（directed motivational currents：DMC）」理論（Dörnyei et al. 2016）に、忍耐力（persistence）に関する知見を加えて、動機づけの維持が可能になる仕組みを包括的に説明したものである。

　DMC とは、第二言語のマスターに向けた取り組みのように、その達成には相当のコミットメントを要する目標に近づくための行動をサポートする強力な動機づけの衝動である。また、その衝動から、目標の達成に必要な日々のタスクの遂行において、最適なエンゲージメントを維持でき、最終目標の達成に至り、健全な幸福感を得られるまでの心的機能・行動パターンを統合的に説明した構成概念である（Dörnyei et al. 2016; Henry 2019；菅原・佐藤　2021）。近年、言語学習心理学において、この構成概念を用いた数多くの実証研究（e.g., Muir 2020; Sugawara 2019）が行われている。そのなかで、DMC は、第二言語の習得に至る道のりを説明できる一動機づけ理論として認められている（Lamb et al. 2019）。しかし、第二言語の習得に成功した人々も含めて、さまざまな活動・職業においてプロフェッショナルな水準に達した人々から収集した質的データをもとに生成した理論であるため、汎用性の高い理論であるかどうかに関する疑問も投げかけられていた。

　上述の背景から、長期間の動機づけの概念枠組み（Dörnyei & Henry 2022）には、特定の必要条件が整えば、誰にでも起こりうる辛抱強く物事に取り組める仕組みの説明に向けて、一般化を目指した試みがみられる。また、その仕組みについて、「車での長期旅行」にたとえたわかりやすい説明が加えられている。その条件・仕組みとは、以下の（1）「自己整合をともなうビジョン（self-concordant vision）：ハイオク燃料」、（2）「習慣的な行為と行動ルーティン（habitual actions and behavioral routines）：経済的な燃費」、（3）「進捗チェックと肯定的フィードバック（progress checks and affirmative feedback）：燃料の再生成」、（4）「ポジティブな感情と情熱（positive emotional loading and passion）：燃料の追加」、そして（5）「自己制御力・スキル（self-control capacity and skills）：故障を修復できる力」の存在・活性化である。

## （1） 自己整合をともなうビジョン：ハイオク燃料

　ドルニェイらによると、長期にわたる行動を導く目標には、将来の自分に関するビジョンと自己整合をともなう目標が含まれている（Dörnyei 2020; Dörnyei & Henry 2022; Dörnyei et al. 2016）。ここで扱うビジョンとは、空想や夢ではなく、五感（視覚・聴覚・触覚・味覚・嗅覚）をともない、現実に起こりうる将来の姿・出来事として描けるメンタル画像である（Dörnyei 2020; Dörnyei & Kubanyiova 2014；菅原・佐藤　2021）。ビジョンの形成に関して、「メンタル・タイム・トラベル（mental time travel）」の枠組み（Michaelian et al. 2016）によると、実現可能と思える将来のシナリオは、過去の出来事を回想する中で描かれていく。その過程は、ビジョンを鮮明にし、過去の出来事の再解釈も可能にする。現実に起こりうるビジョンに関して、マーカスらの「可能自己理論（possible selves theory）」によると、①「心からなりたいと思う自分」、②「こうなると思える自分」、③「こうなることを恐れる自分」（Markus & Nurius 1986: 954）を鮮明に思い描くなかで、①と②の自己に近づき、③の自己を避ける行動が起こる（Markus & Ruvolo 1989）。ヒギンズ（Higgins 1987; 1998）によると、理想として描く自分と現実の自分の不一致は不快感を呼び起こすため、その不一致を減らす行動を導く。このように、可能自己に基づくビジョンは、将来を導く自己指針（future self-guides）であり、行動の維持を促す強力なアンカーとして機能する（Dörnyei 2020; Dörnyei & Kubanyiova 2014）。

　ビジョンに加え、自己整合をともなう目標とは、自分にとって意味や価値を見いだすことができ、重要だと思える目標である（Sheldon & Elliot 1999）。シェルドンらによると、この目標は、内発的動機づけを生み出す自律性・有能感・他者との関係性の欲求（Richard & Deci 2017；および、本章第2節（2）を参照のこと）を満たし、自らのアイデンティティと一致する。言い換えると、自らの選択に基づく満足できる目標であり、自分にとって価値を感じるコミュニティの中で、良い行動規範として追求でき、健全な幸

福感が得られるものである（Sheldon & Elliot 1999）。自己整合をともなうビジョンが入手でき、常にアクセス可能（Higgins 1987）である限り、たとえ集中力が妨害されたり、不幸な出来事に出くわしたりしても、そのビジョンに基づく目標へ近づきたい衝動は再燃する（Dörnyei et al. 2016；他）。ドルニェイとヘンリーの主張（Dörnyei & Henry 2022）どおり、自己整合をともなうビジョンの選択は、丈夫で信頼できるエンジンを持つ車にハイオク燃料を入れて、長い旅路へ出発することにたとえられる。

## （2）　習慣的な行為と行動ルーティン：経済的な燃費

　心から達成したいと思える目標があっても、その目標に近づくための継続的な取り組みに挫折したり力尽きたりした経験は、誰もが有していよう。実際に、目標の達成に向けて制御しようと自らを動機づけるエネルギーは、さまざまなタスクの遂行によって消費され、いずれは底をつく（Inzlicht & Friese 2019）。そのため、ドルニェイらは、そのエネルギーの保護・持続を可能にする習慣的な行為と行動ルーティンの確立が欠かせないと主張する（Dörnyei & Henry 2022; Dörnyei et al. 2016）。彼らによると、習慣的な行為とは、たとえば、朝起きたら歯を磨くなど、ある物事の遂行において意識的な選択や判断をせず、その遂行に必要な環境づくりも含めて、日々のルーティンとして確立している行動である。

　行動ルーティンとは、自らの制御を必要としない自動化した行動パターン（Aarts & Custers 2012）である。この行動パターンの中では、特定の目標の達成に向けて必要な情報を集中的に知覚・解釈でき、競合する不必要な情報については取り入れを避ける「無意識による自己制御（nonconscious self-regulation）」が機能している（Dörnye 2020; Dörnyei et al. 2016）。この自己制御が機能すると、注意の分散から過度の認知負荷による疲労状態に陥りにくく、外から妨害を受けても目標に近づく軌道に容易に戻ることができる（Aarts & Custers 2012; Dörnyei et al. 2016；菅原・佐藤　2021）。この自己制御が効果的に機能して現れる行動ルーティンに関して、ドルニェイとヘンリーは、燃費の良いエンジンと自動操縦機能を生かした効率的な運転にたとえ

ている（Dörnyei & Henry 2022）。

### （3） 進捗チェックと肯定的フィードバック：燃料の再生成

　近年、長期的な動機づけの研究領域では、前項（2）で述べた自己制御を促すエネルギーの効率的な消費に加え、そのエネルギーの再生成を可能にする仕組みにも注目が集まっている。後者の仕組みを支えるリソースとして、ドルニェイとヘンリーらは、目標への到達に至るまでの活動間のつながりや軌跡に注目した研究（Raynor 1974; Adler 1981）をもとに、進捗チェックと肯定的フィードバックが必要であると主張している（Dörnyei & Henry 2022）。彼らによると、遠い最終目標（ゴール）からみて、その地点への到達を導く近い目標（サブゴール）をステップアップ式に立てて、後者のサブゴールを基準に日々の取り組みにおける進捗状況をチェックすることが有効である。サブゴールの達成状況から、自分のスキルの向上が確認できると、次のサブゴールへの到達に必要なタスクを遂行できる自信も高まり、そのタスクにチャレンジする行動が見込めるためである（Bandura & Schunk 1981）。

　サブゴールの達成状況を確認するには、自分にとって影響力のある他者（教師・コーチ・友人・親など）から、肯定的フィードバックを頻繁に得ることも有効である（Dörnyei et al. 2016）。肯定的フィードバックとは、以前より進歩した面に注目した進捗フィードバック（Voerman et al. 2012）と、次の目標の達成に向けた情報豊かなフィードバックを含むものである（Dörnyei et al. 2016；菅原・佐藤　2021）。

　進捗チェックと肯定的フィードバックから、目標への到達に向けて着実かつスピード感のある進歩を実感できると、疲労感が少なく、満足感が高まり、このポジティブな感情状態は、さらなる成長に向けた取り組みをいっそう動機づける（Carver & Scheier 1990; Dörnyei et al. 2016; 他）。このような走れば走るほど自分を動機づけるエネルギーが発生する状態に関して、ドルニェイとヘンリーは、ハイブリットエンジンを積んだ車でのスムーズな長距離ドライブにたとえている（Dörnyei & Henry 2022）。

## （4）　ポジティブな感情と情熱：燃料の追加

　心からなりたいと思える鮮明なビジョンと自己整合性をともなう目標に沿って、日々の活動を遂行しているなかでは、「ユーダイモニア（Eudaimonia）」をともなうウェル・ビーイングを体感できる（Dörnyei et al. 2016；他）。Eudaimonia とは、eu「健全な（good, heathly）」と daimon「真実の自己（true self）」から成る概念であり、その自己と向き合い、目的に沿った人生を歩めていて、その振り返りから、ポジティブな感情が起こる実体感である（Waterman 2013: 6）。ウォーターマンによると、ユーダイモニアを感じる人生では、ありのままの自分でいられる活動を追求するなかで、自分らしさを表現することができている。それを共感し合えるコミュニティで、自分のこれまでの成長を今後の可能性とともに確認でき、静かな満足感を得ることができる（Waterman 2013）。

　また、この種の活動には、情熱（passion）が湧き起こり、その取り組みをいっそう動機づける。情熱とは、自分にとって魅力を感じ、重要だと捉える特定の活動に時間やエネルギーを費やすなかで起こる衝動である（Vallerand et al. 2003）。バーラーランドによると、情熱は、「調和的な情熱（harmonious passion）」と「脅迫的な情熱（obssesive passion）」に分類できる。調和的な情熱とは、その感情をともなう特定の活動が自分にとって深く内在化しており、すでにアイデンティティの一部となっているため、友人や家族と過ごす時間など日常生活を妨げず、リラックスしたものである。脅迫的な情熱とは、情熱をともなう活動が内在化しておらず、その遂行において、自分のアイデンティティとの葛藤も起こるため、集中できず、その不安から日常生活における他の物事を避ける行為をもたらすものである。

　自己整合をともなう目標に基づき、自分のアイデンティティの一部として統合した活動は、調和的な情熱による支えの下、日常生活によく適応したものである（Vallerand et al. 2003）。この適応過程では、拡張・形成理論（Fredrickson 2001；本章の第2節（2）を参照のこと）が説明するように、新たな視点や考えに対して、心を開き、取り入れてみようと前向きな気持ちが起こる（Vallerand et al. 2003）。この種のポジティブな感情は、自分が心か

ら望む最終状態に達するための日々の活動を遂行するなかで、エネルギーを加えてくれるものである（Dörnyei et al. 2016；他）。この状態に関して、ドルニェイとヘンリーは、長距離ドライブにおいて必要な燃料を追加する場面にたとえている（Dörnyei & Henry 2022）。

### （5）　自己制御力・スキル：故障を修復できる力

　第二言語の学習のように、目標への到達まで長期間の取り組みを要する活動中には、自信の喪失や集中力の欠如をもたらす出来事や、周囲からの妨害によって活動の継続が困難になり、動機づけが停滞することも起こりうる（Dörnyei & Henry 2022）。近年、動機づけ科学の分野では、目標に近づく取り組みを維持できるレジリエンス（resilience）、ハーディネス（hardiness）、グリット（grit）、アカデミック・ボイヤンシー（buoyancy）などの概念に共通して含まれる辛抱強さや自己制御力に注目が集まっている。

　レジリエンスとは、ライフ・クライシスに相当する出来事に対し、自ら向かい合い、その苦難を克服できる新たな目標に向けて歩める適応力である（Masten et al. 1990）。レジリエンスを支えるハーディネスとは、ストレスを抱える状況に対し、自己を制御して、健全な目標に向けたタスクにチャレンジして、コミットメントできる能力である（Maddi 2013）。グリットとは、特性や適性などの才能面にとらわれず、調和的な情熱を持てる目標を見つけ出し、その達成に向けて辛抱強く日々の活動に取り組める自己制御力・スキルである（Duckworth 2017）。

　これらの研究領域では、辛抱強さに関わって、ミシェルの「満足の遅延（delayed gratification）」（Mischel 2014）を取り上げ、目の前の欲求が満たされる行為を我慢し、時間は要するが、より有意味な目標に向けて取り組める忍耐力を強化する有効性を主張している。また、この種の忍耐力に加えて、実行意図（implementation intentions）のストラテジー（Davis 2015; Mischel 2014）を取り上げ、どこで・いつ・どのようにするか具体的に心の中で描く行為を習慣化していくことで、実際に取り組む力の強化が可能であると主張している。

　最後に、アカデミック・ボイヤンシーとは、授業中にタスクがうまくできなかった、期末テストの点数が悪かったなど、教育機関において多くの生徒・学生が日々の学業において直面する困難に対処して継続する力である。そのためには、目の前のタスクをやり遂げる自信やコミットメント力の強化が欠かせない（Bandura & Schunk 1981; Martin & Marsh 2008）。

　以上の自己制御力・スキルを、ドルニェイとヘンリーは、長距離ドライブ中に、車が故障しても修復できるスキルや状況にたとえている（Dörnyei & Henry 2022）。


## 4.　英語学習における動機づけの維持・回復力についての考察

　本節では、これまでに取り上げたニュー・ビッグファイブの視点、PERMA を関連づけた統合的動機づけと WTC モデル、そして、長期間の動機づけの概念枠組みに基づく知見を踏まえ、英語学習における動機づけを維持・回復できる仕組みについて明確にする。

　マックアダムスらによる主張どおり、傾性的特性よりも、キャラクターによる適応や統合的ライフ・ナラティブの視点から、自分を動機づける要因・過程について理解を深めることができる（McAdams 2013; McAdams & Pals 2006）。外向的で新たな体験に開放的な人ほど、英語を話すコミュニティに加わる意欲が容易に持てるかもしれない。だが、そのコミュニティで中心的な参加者として適応できるまでに至るには、母語を話す自己に英語を話す自己イメージを加え、新たなキャラクターを形成していく日々の取り組みを要する。また、その経験を振り返り、英語使用者として自らのアイデンティティの確立に至るライフ・ストーリーについて、その価値を共有できる人々と共に語っていく活動が求められる。その語りの中で、自分の成長から今後の人生における意味を見いだせたとき、健全な幸福感が得られ、その感情は自己指針に基づく英語学習をいっそう動機づける（Dörnyei et al. 2016; Dörnyei & Ryan 2015）。

英語学習における統合的動機づけをPERMAの視点から解釈すると、自分が加わりたい国際コミュニティでの活動に没頭し、メンバー間で共感し合える深い関係性を築き、意味のある時間を過ごすことが、英語をマスターする取り組みを維持できる条件として欠かせない。だが、ドルニェイら（Dörnyei & Ushioda 2021）が指摘するとおり、特定の活動に没頭する行為は、現代の情報化社会では容易ではないかもしれない。スマートフォンなどから大量の情報へ容易にアクセスできる状況が、注意の拡散・分散を招き、特定のタスクへの集中を妨げることも起こりうるためである。この認知プロセスに陥りやすくなると、たとえ英語圏に留学しても、現地での活動において（参加ではなく）参観にとどまったり、オンラインで時間を費やし、広く浅い人間関係を構築していく行為に流れてしまうかもしれない。このような状態では、国際コミュニティの場で、PERMAに基づくウェル・ビーイングを目指し、WTCコンピテンスの向上に取り組んだ自らの学習経験について語ることができるまでには至らない。

英語学習のように、生涯にわたるコミットメントを要する取り組みを維持するためには、長期間の動機づけの概念枠組みを自己指針として捉え、その指針に沿って行動することが効果的である（Dörnyei et al. 2016; Dörnyei & Henry 2022）。その枠組みの要素を踏まえ、EFL学習者層には、英語使用者としての自己整合をともなうビジョンを鮮明化・精緻化できるプロジェクトワークを含む活動に参加することが求められる（Muir 2020; Sugawara 2019；菅原・佐藤 2021）。

その活動のなかで、参加者は、ビジョンに近づくための習慣的な行為と行動ルーティンを確立する努力が必要である。また、自分やチームの学習過程における進捗チェックを継続し、ロールモデルになりうる影響力のある他者から肯定的フィードバックを積極的に得ていくべきである。その過程において、成長した自分を肯定的に捉え、さらなる成長に向けて調和的な情熱を持てる有意味な取り組みを継続することが重要である。

さらに、日々の学習において停滞を招く負の出来事が起こっても、それを自己制御力・スキルを鍛えるための機会として前向きに捉え、目標に近づく取

り組みを維持できる辛抱強さが学習者には求められる。以上の取り組みから、英語学習の目的をユーダイモニアを得るための人生に関連づけることができるようになる。

## おわりに

　本章では、主にポジティブ心理学、動機づけ科学、そして、言語学習心理学の領域から得た知見を踏まえ、英語学習における動機づけを維持・回復できる心と行動パターンについて記述した。そのなかで、ニュー・ビッグファイブ・モデルの視点から、新たなアイデンティティと自己の形成過程に注目しながら、長期にわたる動機づけについて解釈できる可能性を示した。同じく全人的視点から、英語使用者としてのアイデンティティの形成に関して、社会教育モデルと WTC モデルの核である統合的動機づけと、ウェル・ビーイングを導く条件を提示した PERMA を関連づけて説明できることが明らかになった。さらに、本章では、英語学習における動機づけの持続が、長期間の動機づけの枠組みを指針とした日々の取り組みから可能になることを主張した。日常生活において、英語学習者は、この枠組みの要素 ―― 自己整合をともなうビジョン、習慣的な行為・行動ルーティン、進捗チェック・肯定的フィードバック・ポジティブな感情・情熱、自己制御力・スキル ―― の強化に向けた行動が求められる。そのなかで、英語学習の目的をユーダイモニアを得るための人生に関連づけることができた場合、英語をマスターするビジョンが導く動機づけの維持が可能になる。

**引用・参考文献**

菅原健太・佐藤将太（2021）「日本人青年期層の英語学習に関わる動機づけをサポートするビジョン」北海道教育大学函館校　国際地域研究編集委員会編『国際地域研究 Ⅲ』大学教育出版、127-144 ページ。

Aarts, H., & Custers, R.（2012）"Unconscious goal pursuit: Nonconscious goal regulations and motivation." In R. M. Ryan.（Ed.）, *The Oxford handbook of human motivation*,

New York: Oxford University Press, 232–247.

Adler, P. (1981) *Momentum: A theory of social action*. Beverly Hills, CA: Sage.

Al-Hoorie A. H., & MacIntyre. P. D. (2020) "Integrative motivation: 60 years and counting." In A. H. Al-Hoorie & P. D. MacIntyre (Eds.), *Contemporary language motivation theory: 60 years since Gardner and Lambert (1959)*, Bristol, UK: Multilingual Matters, 1–14.

Bandura, A., & Schunk, D. H. (1981) "Cultivating competence, self-efficacy, and intrinsic interest through proximal self-motivation," *Journal of Personality and Social Psychology*, 41 (3), 586–598.

Carver, C., & Scheier, M. (1990) "Origins and functions of positive and negative affect: A control-process view," *Psychological Review*, 97 (1), 19–35.

Cervone, D., & Pervin. A. L. (2019) *Personality: Theory and research* (14th ed.), Hoboken, NJ: Wiley.

Costa, P. T., Jr., & McCrae, R. R. (1994) "Stability and change in personality from adolescence through adulthood." In C. F. Halverson, Jr., G. A. Kohnstamm, & R. P. Martin (Eds.), *The developing structure of temperament and personality from infancy to adulthood*, Hillsdale, NJ: Lawrence Erlbaum, 139–150.

Csikszentmihalyi, M. (1990) *Flow: The psychology of optimal experience*, New York: Harper & Row.

Davis, J. (2015) *Two awesome hours: Science-based strategies to harness your best time and get your most important work done*, New York: HaperCollins.

Dörnyei, Z. [ ド ル ニ ェ イ ] (2020) *Innovations and challenges in language learning motivation*, London: Routledge.

Dörnyei, Z., & Kubanyiova, M. (2014) *Motivating learners, motivating teachers: Building vision in the language classroom*, Cambridge: Cambridge University Press.

Dörnyei, Z., & Henry, A. (2022). "Accounting for long-term motivation and sustained motivated learning: Motivational currents, self-concordant vision, and persistence in language learning" In A. J. Elliot (ed.), *Advances in Motivation Science*, Vol. 9. Cambridge, MA: Academic Press.

Dörnyei, Z., Henry, A., & Muir, C. (2016) *Motivational currents in language learning: Frameworks for focused interventions*, New York: Routledge.

Dörnyei. Z., & Ryan, S. (2015) *The psychology of the language learner revisited*, New York: Routledge.

Dörnyei, Z., & Ushioda, E. (2011) *Teaching and researching motivation* (2nd ed), Harlow: London.

Dörnyei, Z., & Ushioda, E.（2021）*Teaching and researching motivation*（3nd ed.）, New York: Routledge.

Duckworth, A.（2017）Grit: *Why passion and resilience are the secrets to success*, London:Vermilion.

Elliot, A. J.（ed.）（2022）*Advances in Motivation Science*, Vol. 9. Cambridge, MA: Academic Press.

Fredrickson, B. L.［フレドリクソン］（2001）"The role of positive emotions in positive psychology: The broaden-and-build theory of positive emotions," *American Psychologist*, 56（3）, 218-226.

Gardner, R. C.［ガードナー］（1985）*Social psychology and second language learning: The role of attitudes and motivation*, London: Edward Arnold.

Gardner, R. C.（2001）"Integrative motivation and second language acquistion." In Z. Dörnyei & R. Schmidt（Eds）, *Motivation and second language acquisition*, Second Language Teaching & Curriculum Center, University of Hawai'i, 1-19.

Gardner, R. C.（2019）"The socio-educational model of second language acquisition." In M. Lamb, K. Csizér, A. Henry & S. Ryan（Eds.）, *Palgrave Macmillan handbook of motivation for language learning*, Basingstoke: Palgrave, 21-37.

Gardner, R. C., & Lambert, W. E.（1959）"Motivation variables in second language acquisition." *Canadian Journal of Psychology*, 13, 266-272.

Gregersen, T.,［グレガーセン］MacIntyre, P. D., & Mercer, S.（2016）"Introduction." In P. D. MacIntyre, T. Gregersen, & S. Mercer（Eds.）, *Positive Psychology in SLA*, Bristol, UK: Multilingual Matters, 1-9.

Gregersen, T., MacIntyre, P. D., & Ross, J.（2020）"Extending Gardner's socio-educational model to learner well-being: Research propositions linking integrative motivation and the PERMA framework," In P. D MacIntyre, T. Gregerson, & S. Mercer（Eds.）, *Positive Psychology*, Bristol, UK: Multilingual Matters, 17-39.

Henry, A.（2019）"Directed motivational currents: The extending the theory of L2 vision." In M. Lamb, K. Csizér, A. Henry & S. Ryan（Eds.）, *Palgrave Macmillan handbook of motivation for language learning*, Basingstoke: Palgrave, 119-161.

Higgins, E. T.［ヒギンズ］（1987）"Self-discrepancy: A theory relating self and affect," *Psychological Review*, 94（3）, 319-340.

Higgins, E. T.（1998）"Promotion and prevention: Regulatory focus as a motivational principle," *Advances in Experimental Social Psychology*, 30, 1-46.

Inzlicht, M., & Friese, M.（2019）"The past, present, and future of ego depletion," *Social Psychology*, 50（5-6）, 370-378.

Lamb, M., Csizér, K., Henry, A., & Ryan, S.(2019) "Introduction." In M. Lamb, K. Csizér, A. Henry & S. Ryan (Eds.), *Palgrave Macmillan handbook of motivation for language learning*, Basingstoke: Palgrave, 1-17.

MacIntyre, P. D. ［マッキンタイア］, Clément, R., Dörnyei, Z., & Noels, K. A. (1998) "Conceptualizing willingness to communicate in a L2: A situational model of L2 confidence and affiliation," *Modern Language Journal*, 82 (4), 545-562.

Markus, H.［マーカス］, & Nurius, P.(1986) "Possible selves," *American Psychologist*, 41(9), 954-969.

Markus, H. R., & Ruvolo, A. (1989) "Possible selves: Personalized representations of goals." In L. A. Pervin (Ed.), *Goal concepts in personality and social psychology* (pp. 11-241), Erlbaum Hillsdale, NJ: 1989, 211-241.

Maddi, S. R. (2013) *Hardiness: Turning stressful circumstances into resilient growth.* Springer Science + Business Media.

Martin, A. J., & Marsh, H. W. (2008) "Academic buoyancy: Towards an understanding of students' everyday academic resilience," *Journal of School Psychology*, 46, 53-83.

Masten, A. S., Best, K. M., & Garmezy, N. (1990) "Resilience and development: Contributions from the study of children who overcome adversity," *Development and Psychopathology*, 2 (4), 425-444.

McAdams, D. P. ［マックアダムス］, & Pals, J. L. (2006) "A new Big Five: Fundamental principles for an integrative science of personality," *American Psychologist*, 61 (3), 204-217.

McAdams, D. P. (2013) *The redemptive self: Stories Americans live by* (expanded and rev. ed.), New York: The Guilford Press.

McAdams, D. P. (2019) "The emergence of personality." In D. P. McAdams, R.L. Shiner, & J. L. Tackett (Eds.), *Handbook of personality development*, New York: The Guilford Press, 3-19.

McCrae, R. R., & Costa, P. T., Jr. (2013). "Introduction to the empirical and theoretical status of the five-factor model of personality traits." In T. A. Widiger & P. T. Costa, Jr. (Eds.), *Personality disorders and the five-factor model of personality*, American Psychological Association, 15-27.

Michaelian, K., Klein, S. B., & Szpunar, K. K. (2016) "The past, the present and the future of future-oriented time travel: Editors' introduction." In K. Michaelian, S. B. Klein & K. K. Szpunar (Eds.), *Seeing the future: Theoretical perspectives on future-oriented mental time travel*, New York: Oxford University Press, 1-18.

Mischel, W. (2014) *The marshmallow test: Understanding self-control and how to master it*, London: Corgi.

Muir, C. (2020) *Directed motivational currents and language education: Exploring implications for pedagogy*, Bristol, UK: Multilingual Matters.

Raynor, J. O. (1974) "Motivation and career striving." In J. W. Atkinson & J. O. Raynor (Eds.), *Motivation and achievement*, Washington, DC: Winston & Sons, 369–387.

Richard, R. M., & Deci, E. L. (2017) *Self-determination theory: Basic psychological needs in motivation, development, and wellness*, New York: Guilford Press.

Seligman, M. E. P. [セリグマン] (2011) *Flourish: A visionary new understanding of happiness and well-being*, Free Press.

Seligman, M. E. P., & Csikszentmihalyi, M. (2000) "Positive psychology: An introduction," *American Psychologist*, 55 (1), 5–14.

Sheldon, K. M. [シェルドン], & Elliot, A. J. (1999) "Goal striving, need satisfaction, and longitudinal well-being: The self-concordance model," *Journal of Personality and Social Psychology*, 76 (3), 482–497.

Sugawara, K. (2012) "Impacts of personality, international attitudes, and socially constructed beliefs on self-related motivation and L2 production performance among Japanese learners of English," *JACET Journal*, 55, 49–70.

Sugawara, K. (2019) "Intensive motivational drive supports vision and motivated behavior in Japanese learners of English," *ARELE*, 30, 33–48.

Ushioda, E. [ウシオダ] (2020) "Researching L2 motivation: Re-evaluating the role of qualitative inquiry, or the 'wine and conversation' approach." In A. H. Al-Hoorie & P. D. MacIntyre (Eds.), *Contemporary language motivation theory: 60 years since Gardner and Lambert (1959)*, Bristol, UK: Multilingual Matters, 194–211.

Vallerand, R. J. [バーラーランド], Blanchard, C., Mageau, G. A., Koestner, R., Ratelle, C., Léonard, M., Gagné, M., & Marsolais, J. (2003) "Les passions de l'âme: On obsessive and harmonious passion," *Journal of Personality and Social Psychology*, 85 (4), 756–767.

Voerman, L., Meijer, P. C., Korthagen, F. A. J., & Simons, R. J. (2012) "Types and frequencies of feedback interventions in classroom interaction in secondary education," *Teaching and Teacher Education*, 28 (8), 1107–1115.

Waterman, A. S. [ウォーターマン] (2013) "Introduction: Considering the nature of a life well lived―Intersections of positive psychology and eudaimonist philosophy." In A. S. Waterman (Ed.), *The best within us: Positive psychology perspectives on eudaimonia*, Washington: DC. American Psychological Association, 3–17.

Yashima, T. (2009) "International posture and the ideal L2 self in the Japanese EFL context." In Z. Dörnyei & E. Ushioda (Eds.), *Motivation, language identity and the L2 self*, Bristol, UK: Multilingual Matters, 144-163.

**謝辞**

　本章の執筆中、明治大学 廣森 友人教授から励ましを頂きました。深く感謝申し上げます。本研究は、JSPS 科研費 JP22K00785 の助成を受けたものです。

## コラム5 韓国訪問を勧めたい一つの理由

　K-POPや韓流ドラマの影響だろう、韓国文化に強い関心を持つ学生が増えている。興味あるテーマを尋ねると、「徴兵制」を挙げる例が結構多い。

　世界的な人気を誇る7人組アイドルグループBTSの入隊問題がここ数年、話題に上っていた。結局、兵役義務の例外扱いを認める特別立法の話は立ち消えとなり、2022年12月、30歳の誕生日を迎えた最年長メンバーのJINが陸軍に入隊して約1年半の兵役を務めることになった。所属事務所は、残るメンバーも順次、兵役に就くとし、7人そろっての活動が2025年には再開するよう期待すると発表した。

　半世紀以上も昔、アメリカでも同じようなエピソードがあった。1958年、人気絶頂だったロックンロールのソロアーティスト、エルヴィス・プレスリーは徴兵通知を受け取り、普通の兵士として西ドイツの米軍部隊に赴き2年間の軍務についた。成人男子の義務は等しく果たされなければならず、アイドルもそうしてこそ愛されるのだ。

　近代化のなかで「富国強兵」路線を突き進んできた日本は、アジアで一番の軍事大国として長く徴兵制度を堅持していたが、昭和の戦争に負けて撤廃したから、若者が貴重な青春時代の一時期を兵隊として過ごす義務を負うことはなくなった。平和はありがたいことだ。しかし、世界から戦争や紛争はなくなってはいない。海に囲まれた日本は、ともすれば戦争や紛争を対岸の火事と見がちで、「一国平和主義」に陥る癖がある。世界経済の恩恵を享受しながら、それを可能とする世界平和の維持のためには積極的に汗をかこうとせず、平和ボケと批判されても仕方のない面があった。

　20世紀は「戦争の世紀」と呼ばれた。21世紀に入って20年余、いま再び世界は戦争の時代に入ろうとしているかのようだ。ロシアによるウクライナ侵攻が長期戦の様相を見せているだけではない。北朝鮮が弾道ミサイルの発射を繰り返し、中国軍の強大化にともなって台湾や尖閣諸島をめぐる問題が現実味を増すにつけ、日本を取り巻く安全保障環境が厳しさを増していることは実感できる。この危機感を背景に、日本政府は「5年以内に防衛力を抜本的に強化する」という方針を示している。平和を守っていくにはどうしたらよいのかが真剣に問われる時代に入ったということだろう。

　安全保障問題を体感しようと思ったら、近場の韓国に行くことを勧めたい。分断国家の韓国では、朝鮮戦争やベトナム戦争から教訓をくみ取って、民間防衛体制が早くから構築されており、空襲などに備えた待避所もあちこちに設け

られている。北朝鮮との軍事境界線付近まで行けば、国境警備とはこういうものなのかと考えさせられる。川をはさんですぐ向こう側は北朝鮮だが、自由に往来することはできないという事実に思い至れば、国際関係の峻厳な現実にいやおうなしに向き合うことになる。海に囲まれてふだんは国境線を意識することのない日本では、なかなかわからない緊張感だ。

　海外に出て見聞を深めることの意味は、そういう厳しい現実にふれるところにもあるのだろう。

（山岡　邦彦）

# 第3部

## シンポジウム

## 1.　概　　要

　北海道教育大学函館校は、第5回国際地域研究公開シンポジウム「国際地域研究の可能性 ― 重なりあう世界　わたしは何をする？ ― 」を、2022（令和4）年7月1日（金）午後、第14講義室で開催した。新型コロナウイルス感染症拡大の影響でオンライン形式の開催を余儀なくされていたが、今回は事態がやや鎮静化していた時期であったことから、2019年以来の対面方式とし、約100名の学生、一般市民の参加の下、盛況裡に終了した。

　シンポジウム第1部では、国際協力機構（JICA）シニア・ジェンダー・アドバイザー　田中由美子氏が「ジェンダーと多様性の視点からの防災・減災・復興」と題する基調講演を行った。田中氏は、世界で近年、災害の規模・頻度の増大にともなって被害が深刻化している実状を指摘したうえで、防災や復興の分野にジェンダーと多様性の視点がなぜ必要とされるのかについて、具体例を挙げながら、詳細に説明した。災害から早く元の状態に戻る能力を備えたレジリエンスな社会をつくるため、マクロな政策レベルの対策を国が講じるだけでなく、地域の防災活動に一人ひとりが取り組むことの必要性を強調した。聴講した学生からは「ジェンダーや多様性の視点と防災・減災・復興を分けて考えていた部分があったため、今回お話を聞き、考え方が大きく変わりました。自分自身ができることはないか、大学生という立場だからこそできることはないか考えていきたい」という声が上がっていた。

　第2部の連続講演では、函館校の伊藤泰教授が「性的多様性と地域の将来 ― 函館市パートナーシップ制度検討委員会委員としての経験から ― 」について、また尹鈴喜講師（当時。現・群馬県立女子大学准教授）が「韓国における脱北者支援と多文化政策」について、発表した。

　第3部パネルディスカッション「重なりあう世界 わたしは何をする？」では、田中由美子氏、伊藤泰教授、木村育恵教授、古地順一郎准教授の4人のパネリストが、それぞれの専門領域における知見を基盤に、世界の現状を分析し、優先して取り組むべき課題に言及しながら、常に当事者意識をもって課題

に向き合っていくことの重要性を指摘した。

　フロアーからは、「市民がより多く参加できるようにしてほしい」との要望が寄せられた。函館校では、今後も折にふれて、このようなシンポジウムを開き、最新の知見を発信していく所存である。

　今回の基調講演については、『北海道新聞・夕刊（函館・渡島・桧山版）』2022年7月6日（水）、第10面に「女性、若者の視点防災に」「函教大JICAアドバイザーが講演」の見出しで、写真とともに紹介された。

シンポジウム基調講演全景

［シンポジウム　ポスター］

シンポジウム
「国際地域研究の可能性 ― 重なりあう世界　わたしは何をする？ ― 」
プログラム

日時：2022 年 7 月 1 日（金）13：00 ～ 16：30
場所：北海道教育大学函館校第 14 講義室、状況によってはオンライン配信
主催：北海道教育大学函館校

| 13：00-<br>13：10 | 開会の挨拶：蛇穴　治夫（北海道教育大学長） |
|---|---|
| 13：10-<br>14：10 | 基調講演：「ジェンダーと多様性の視点からの防災・減災・復興」<br>田中由美子（国際協力機構（JICA）シニア・ジェンダー・アドバイザー） |
| 14：10-<br>14：25 | 休憩 |
| 14：25-<br>14：45 | 講演 1：「性的多様性と地域の将来 ― 函館市パートナーシップ制度検<br>　　　　討委員会委員としての経験から　」<br>伊藤　泰（北海道教育大学函館校） |
| 14：45-<br>15：05 | 講演 2：「韓国における脱北者支援と多文化政策」<br>尹　鈴喜（北海道教育大学函館校） |
| 15：05-<br>15：25 | 休憩 |
| 15：25-<br>16：25 | パネルディスカッション<br>　田中由美子（国際協力機構（JICA）シニア・ジェンダー・アドバイザー）<br>　伊藤　泰（北海道教育大学函館校）<br>　木村　育恵（北海道教育大学函館校）<br>　古地順一郎（北海道教育大学函館校）<br>コーディネータ：山岡　邦彦（北海道教育大学函館校） |
| 16：25-<br>16：30 | 閉会の挨拶：木村　育恵<br>　　　　　　　（北海道教育大学函館校国際地域研究推進委員長） |
| 司会 | 林　美都子（北海道教育大学函館校） |

## 2. パネルディスカッション
### 「重なりあう世界　わたしは何をする？」

パネリスト（発言順）
　田中由美子　（国際協力機構（JICA）シニア・ジェンダー・アドバイザー）
　古地順一郎　（北海道教育大学函館校）
　木村　育恵　（北海道教育大学函館校）
　伊藤　　泰　（北海道教育大学函館校）
コーディネータ：山岡　邦彦　（北海道教育大学函館校）

山岡：シンポジウム第3部のパネルディスカッションです。「重なりあう世界　わたしは何をする？」をテーマに、ご登壇の先生方にいろいろお話をうかがいたいと思います。

　パネリストの皆さまを紹介します。まず、本日の基調講演者、国際協力機構（JICA）シニア・ジェンダー・アドバイザーの田中由美子先生です。次に、先ほど講演発表された本学の伊藤泰先生、法哲学研究がご専門です。それから、ジェンダーと教育研究がご専門の木村育恵先生、そして地域学・政治学、また移民や多文化共生政策・カナダ研究に携わっておられる古地順一郎先生、以上の4人のパネリストの皆さまです。

　議論の進め方についてですが、私から問いかけをいたしますので、順番にお話をしていただきましょうか。最初は、現状認識について伺いたいと思います。今の世界、私たちが暮らしている社会の現状を、どのように認識しておられるのか。パネリストの先生方が、どういう点に注目しておられるのか、どこが大事だと考えておられるのか、について、それぞれご専門領域の研究やいろいろなご体験を踏まえて、お話ししていただければと思います。

　言うまでもなく、ここ2年間以上も、世界は新型コロナウイルス感染症によって甚大な影響を受けてきました。感染が収まってきたかと思えば、

再び新たな株種の流行に見舞われる、その繰り返しによって、日常の光景がずいぶん変わってきました。これが世界中で起きているわけです。

　さらに、今年（2022 年）2 月末にはロシアがウクライナを侵攻するという戦争が始まりました。欧州の出来事は決して対岸の火事ではなく、すでにエネルギー価格の高騰という形で私たちの暮らしを脅かしています。小麦をはじめとする食料の供給にも長期にわたり影響が出るのは避けられないでしょう。

　こうしたグローバルな問題が、積年の課題である地球温暖化問題などに重なりあう形で現れてきているわけです。このような世界をどのように捉えておられますか。私たちの身近な地域社会にはどんな影響・リスクが及んでいるのでしょうか。やや大振りな問いですが、そのあたりから始めたいと思います。最初に田中先生から、そして古地先生、木村先生、伊藤先生の順番でお伺いします。まず田中先生からお願いします。

田中：とても大きな課題なので、どうお答えしようか、実のところよくわからないのですけれども、今日、災害についてお話ししたのですが、まったく同じことが、この新型コロナウイルス感染症についても言えると思うのですね。

　すでに皆さん、新聞などのいろいろなメディアで報道されていますので、ご存知だと思いますけれども、新型コロナウイルス感染症のインパクトというのは一様ではなくて、個人個人の持ついろいろな属性とか脆弱性によって、影響の受け方が異なるということは、非常に明らかになってきたことだと思うのですね。

　ですので、新型コロナウイルスも天災ではなくて人災なのではないかと私は思っています。とくにジェンダーの視点から見ると、非正規雇用の女性が真っ先にコロナウイルス感染症で解雇されたりしていますし、

田中　由美子　先生

それからしんぐるまざあずふぉーらむ（NPO法人）が調査をしましたけれども、シングルマザー世帯がコロナで大きな打撃を受けています。それからエッセンシャルワーカーと言われる保健医療、ケアワークに携わっている人の70パーセント（％）以上が女性ですので、コロナウイルスに対応するときに、低賃金、長時間労働、防護服も十分与えられないなかで働いてきたという問題も多くあると思うのですね。

このケアワークの問題も、無償の家事・ケア労働と言われていますけれども、女性に集中してしまって、これは世界的な傾向だと思うのですが、これをどうしていくかというのは日頃から考えておかないと、また何か災害が起きたときに、女性や一番脆弱な人たちにしわ寄せがいくということがとてもよくわかってきているのではないかと思います。

コロナウイルスで、陰のパンデミックと言われている女性に対する暴力もステイホームで増えていますし、途上国でしたら、ステイホームで家事労働が女の子に増えてしまって、学校に行けなかったり、強制婚させられたり、児童婚の犠牲になったりという問題も出てきていますし、日本もDVの相談件数が非常に増えたという報告もあるわけです。

ですので、いろいろな問題というのがジェンダーの視点、多様性の視点を抜きにしては考えられない時代になってきていると私は改めて感じていますので、こういうことに関しても日常的に対応できていないと、災害時にはまったく対応できません。東北の女性がよく言っていますけれども、そういうことが防災にも、コロナ感染症にも起きているということが言えるのではないかと思いました。

山岡：コロナ禍を考える場合も、ジェンダーの視点が欠かせないというご指摘ですね。ありがとうございました。それでは、古地先生にお願いします。

古地：皆さん、こんにちは。ここから参加させていただきます北海道教育大学の古地と申します。よろしくお願いします。

私自身は政治学と政策学を専門とし、カナダ政治、とりわけケベック州というところの政治を中心に見てきました。政策分野としては、移民政策や多文化共生政策が主な関心ですが、今日の田中先生のお話にもあった防

災に関しても共同研究で論文を書い
たことがあります。あらかじめお断
りしておきますが、カナダで学術的
なトレーニングを受けたことや15年
滞在していたこともあり、私の視点
はそのときの経験に大きな影響を受
けています。函館に来て8年になり
ますけれども、カナダ・バイアスが
大きくかかっていることをご理解く
ださい。

古地　順一郎　先生

　そのうえで現状認識ということですけれども、非常に大きなテーマでは
ありますが、私自身、1回目のシンポジウム（2018年）で、国際地域とは
何かというお話をさせていただきました。当時、「地域学入門」という授業
（現在は「国際地域学入門」に名称が変更されている）を担当していました
が、担当者の一人だった池ノ上真一先生（現在、北海商科大学教授）と、
さまざまな先行研究や各地の大学でのプログラムを見ながら、函館校で考
えていく国際地域というのはどういう概念なのかということを文章にまと
めました（『国際地域研究　Ⅰ』所収）。その作業をするなかで、いまこそ、
国際地域という概念をより深く考えていくことが必要なのではないかと感
じました。

　私が好んでよく引用するチャドウィック・F・アルジャーという国際政治
学者がいまして、「世界の中の地域、地域の中の世界」という言葉を使って
います。まさにここ数年の新型コロナウイルス、さらにはウクライナの状
況を通じて、自分たちの地域、たとえば本学がある函館市八幡町での日常
生活が世界と深くつながり、大きな影響を受けるということを、学生の皆
さんはとくに感じているのではないかと思います。

　このような状況において、田中先生がおっしゃったように、まさに「重
なりあう世界」、現在では「インターセクショナリティ」「交差性」という言
葉もよく使われるようになっていますが、そのような多様性のレンズをと

おした政策や社会の仕組みをふだんからつくることができるかによって、いざというときにも対応できる強靭でしなやかな社会をつくれると考えています。

　政治学者と話をしていると、政治学や公共政策学にとって、非常に珍しいケースが世界で起きているという話題になります。それは何かというと新型コロナウイルス感染症の世界的まん延です。今回のパンデミックは、世界中に影響を与えています。各国や地域がそれぞれの知恵を絞って対応しており、比較するには絶好の機会なのです。

　私が見ていて思うのは、とくにカナダ・バイアスがかかりますが、多様性を生かした社会づくりを進めてきたカナダというのは、やはりレジリエント、しなやかだと感じます。カナダでは、政策立案にあたって、Gender-based analysis plus と呼ばれる、ジェンダーも含めた多様性を考慮に入れた政策分析が行われています。さまざまな視点から、政策がもたらす影響を分析したうえで政策を立案、実施しています。日本では安倍政権が全国的な休校という対策を突然打ち出し、働く女性を中心に大きな影響を及ぼしましたが、カナダでは社会的影響が甚大なあのような政策が突然発表されることはありませんし、発表する場合でも何らかの措置を講じたうえで発表します。

　ですから、ジェンダーをはじめとした多様な要素というものを考えていかないと、日本社会は未知の脅威に対して対応できなくなっていくのではないかと危惧しています。

山岡：多様性、ジェンダーの視点がなぜ今、必要なのかを考えるうえで、とても重要なご指摘ですね。ふだんからそうした観点に立って対策する姿勢をとっていれば、何が起きても、しなやかに対応することが可能ですが、多様性を意識しない体質では、突然のことが起きると、反応も突発的になって、社会全体に大きな混乱をもたらし、有効な手が打ちにくくなる、というようなご指摘だったかと思います。インターセクショナリティ、交差性という新しい観点もご指摘になりました。ありがとうございました。では次に、木村先生、お願いします。どうぞマスクを外してください、アクリ

ル板で前方を遮っておりますから、そのままお話ししてください。

木村：皆さん、こんにちは。木村です。

木村　育恵　先生

　私は専門が教育社会学です。とくに「ジェンダーと教育」研究という研究領域があるので、そのことについて、私は専門家として、今回のパネルディスカッションで話題を提供していきたいと思っています。

　私が行っている「ジェンダーと教育」研究というのはどのようなものかといいますと、いろいろな観点から、学校や先生、子どもたちにアプローチして、ジェンダーの問題を追究していくというところではあるのですが、私に関しては、とくに注目しているのは、先生方、教師です。先生方がどのような状況に置かれて、いわゆる先生としてキャリア形成しているのかというのを、ジェンダーの視点から見ていくということを私は主たる研究としています。なぜ教育にジェンダーの視点が必要かというと、日本においてはとりわけ教育の分野、学校の先生という職業、教職については、ジェンダーの差別に関係なく、ジェンダーのバイアスに関係なく、もうすでに男女平等の職場だろう、そして男女平等のことを教えられて、伝達されているに決まっているだろうと大変強く信じ込まれているからです。

　私が「教育分野はすでに男女平等だと信じ込まれている」という言い方をしたことで、おそらく実態はノーであり、世間が思っているほどにそうではないのだろうということが皆さんにも伝わるかと思います。

　コロナなどを含めたさまざまな緊急時、もしくは大変な事態のときには、田中先生も古地先生もお話しされてきましたが、平時の問題がさらに矛盾して現れたり、拡大して増幅して現れたりするものなのです。したがって、平時から脆弱な立場に置かれている人にとっては、よりいっそうの矛盾、そしてよりいっそうの問題が自分の身に降りかかってくるという

ことになります。それは教育の領域もまったく例外ではないということなのです。

　実際、先ほど古地先生が、急に学校が閉まったとおっしゃっていましたけれども、まさにそうでした。2020年の2月、突然に休校要請があって、本学もそうですし、いわゆる小学校・中学校・高等学校などのような各学校種も、その要請に従わざるをえないところがありました。

　たとえば、小学校や中学校においても、自治体の99％がそれに従ったのです。ただ、その従い方は、納得でも賛同でもなくて、それをやらないと、今後、自分たちが不利益な状況に置かれますよ、というような形のものだったので、それをやるしかありません。あとは、それ以外、それぞれの学校の文化や地域のありよう、さまざまな背景で、それぞれに工夫をして何とかするというのができればよかったのですけれども、まだそこが認められないのに、突然バッと休校となりました。

　突然の休校によって、先生も職業面のみならず、家庭面の対応についても大変な状況でした。先生であっても、たとえばお子さんがいらっしゃる先生や、あとは教員の世界も非正規雇用は女性が多いなど、そういった男女アンバランスな構造が明らかにありますので、家に置かなければいけなくなった子どもたちをどうすればよいか、非常勤である場合は不安定な立場も相まって、これからどうなってしまうのかという問題も男女非対称にありました。

　この苦労は、社会にある古典的な性別役割分担と関係しています。社会的に構成された性別役割分担はあらゆる領域に入り込んでいますから、学校の先生にとっても無縁のものではありません。そうした性別役割分担によって、コロナ禍の緊急時には、特に女性の教員が平時以上に家庭責任を追わなければならなくなり、休校中の自分の子どもを見るために学校に出ていけなくなってしまいました。必ず家庭に専業の主婦（主夫）がいるという暗黙の前提が、突然の休校要請の中にあることがうかがえます。

　そうしているうちに、学校ではGIGAスクール構想（児童・生徒向けに1人1台端末と高速大容量の通信ネットワークを一体的に整備する構想）と

も相まって、コロナ対応に関係するいろいろな大きな変化が生じ、女性教員が学校に出られずにいるうちにさまざまなことがどんどん進んでいきました。けれども、自分はそこになかなか戻ることができないのです。

　私は共同研究で、2020年にコロナ禍の教員に関するパネル調査をしたのですけれども、そのときにも、1カ月、2カ月と時間がたつにつれて、現場に戻るということ自体がハードルの高いものになっていき、置いていかれている感じがするという声が多々上がってきました。現場に残っていた先生からも、学校現場の雰囲気として、休んでいる先生がどんどん置いていかれている感を覚えざるをえないような空気ができているという声がありました。このように、同じ先生方であってもどんどん分断が進んでいく、そして、その分断の軸にあるのがジェンダーであるということなのです。

　先生が豊かに自己形成、キャリア形成できないと、子どもたちも豊かな自己形成が難しくなります。学校において先生は、子どもが豊かに自己形成をしていくためのサポート役ですから、先生が元気でないと、子どもたちも元気になりません。

　そもそも、突然の休校要請で学校に来られなくなった子どもにとっても、社会的なつながりから断絶されて、家庭の中のみに留め置かれてしまうことはリスクが大きいものです。家庭内には、虐待やDVの二次被害者として子どもが危機的状況に置かれ、命の危機にさらされるなど、いろいろな形の問題がありますが、コロナによってさらにそうした平時の暴力問題、家庭内のさまざまな問題、ジェンダーに起因する問題は増幅して現れており、子どもたちはそれらにからめ捕られて、巻き込まれて被害を受けています。実際に、学校関係の統計などを文部科学省のデータ、公的なデータから見ますと、小学生の自殺率も増えてしまっています。

　そのような状態でもありますので、平時に何をしているか、逆に何をしていないか、何を見落としているか、そういったことにさらに敏感になる必要があり、そのときにはジェンダーに敏感な視点というのが決して欠かせない、不可欠であるということになると思います。

　教育の立場から、学校関係でそのようなことを毎回気にしていました

が、今回のコロナによって、さらに問題の根深い部分が見えてきたと思い、すごく考えさせられる日々を過ごしてきました。

　以上です。

山岡：教育の現場からの貴重なレポートを聞かせていただきました。

　それでは、伊藤先生、お願いします。

伊藤：私は、社会の現状の認識ということに関して言いますと、多少スパンを長く見ているところがあります。たとえば今、ジェンダー、多様性の視点ということがお話に出てきました。ジェンダーや多様性の視点ということについては、現在のところ社会的に承認されてきていますが、しかしこれが一様に拡大していくとは、私は考えていないのです。

伊藤　泰　先生

　ジェンダーの問題で言うならば、ゲイという認識が、第二次世界大戦後に広まっていったなかで、HIV の問題がそれに水を差したということがありました。これに限らず、基本的には、現状というのは螺旋状に変化していくものなのではないかと考えています。つまり、一様に変化していくものではなくて、揺り返しというものがあって、それがどのような方向にいくか、価値観的に良い方向に進むか、悪い方向に進むかはわからないのですが、そのような形で動いているのではないかと思います。

　先ほどコロナの話がありましたが、実は 100 年前にもスペイン風邪、つまりインフルエンザによって、似たような状況があったわけですね。そのような形で、たとえばパンデミックに関して言いますと、定期的に世界中を襲ってきています。必ずしも新しい現象というわけではなくて、人類はこれまでいろいろ経験してきています。これに対する対応というものも、まったく新しい問題としてというよりは、むしろ、歴史は繰り返すという類のものであるかもしれません。私たちは、できごとが繰り返すなかからいか

なる教訓を得られるのでしょうか。

　他方で、さまざまな問題のなかには、このように繰り返しているものもあれば、そうではなくて世界的に変化してきているもの、長期的に見ると明らかに変化が見受けられるものもあるでしょう。

　たとえば、自分の専門から言うならば、法の世界では次のようなことわざがあります。「法というのは男を女にし、女を男にすること以外は、何でもできる」——そういうことわざが古くからあるのです。ですが、現代においては、男を女にし、女を男にすることすらもほぼ可能になっています。この点については、長期的に言うならば、明らかに変化をしてきているわけです。

　ほかにも、インターネットの発展などもそうです。ネットがこのように発展したのは2000年代以降のことだと思いますが、この20年間、法学はネットの技術の拡張、急速な発展に対して、はっきり言って追いついていません。

　あるいは、キューバ危機以来、核戦争ということが深刻に叫ばれて久しくなっているわけですが、核兵器に関しても、超大国が持っているだけではなくて、テロ組織などがこれを行使するのではないかというように、従来なかったような現象が生じています。

　以上のように、現状の認識としては、平たく言うならば、「歴史は繰り返す」というような、人類はそこからいったい何を教訓として得ることができるのかという問題と、あとは、急速に技術等が変化しているような問題、これらが交錯しているのが現状ではないかと感じているところです。そのなかで、先ほど来の話ですが、サプライチェーンがグローバルに広がったなかで、たとえばウクライナから小麦が輸出できなくなったことによってアフリカにおいて飢える人が増えてきているというような問題が起こってきているわけですが、これが一国の中でも、地域の問題としても、私たちのような末端にもその影響が及んでいます。たとえば、物の価格が非常に上がっているというようなことです。

　そのような形で、さまざまに繰り返していることや、あるいは急速に変

化してきていることなどが交錯しているものとして、今議論されております
すジェンダーの問題や、新型コロナウイルスの問題、さらには私が先ほど
お話ししましたパートナーシップ制度の問題などがあると、大局的に言う
ならば、そういうことが言えるのではないかと思っております。

山岡：繰り返しの局面と急速な変化の局面と、時間的、次元的な違いが交差す
るなかで、さまざまな現象が眼前に展開しているということでしょうか。
どうもありがとうございました。

　多角的な観察を、パネリストの皆
さまから話していただきました。身
近なところで言うと、新型コロナ感
染症に対する各国の取り組みは本当
に多様ですね。過去2年間を振り返
ると、各国がそれぞれの判断から独
自の政策を取ってきたことがわかり
ます。お隣の国のように、ゼロコロ

山岡　邦彦　先生

ナということで完全に遮断する措置を取るケースもあれば、今年（2022年）
から欧米諸国で顕著になったように、コロナ前の日常生活を取り戻してい
くスタイルを取り始めて社会の開放を図ろうとする試みもあります。

　日本は、そうした対照的なやり方の中間あたりに位置するのかもしれ
ません。共通する問題にどのように対応するかというのは、各国の社会構
造、仕組みに深く関係しているようです。つまり、難題への対処の仕方に、
各国、各社会の特色が現れたわけです。

　最初は人の交流を全部ストップするところから始まり、オンラインとい
うことが盛んに行われましたね。新しい生活スタイルだったわけですけれ
ども、過去2年間の試みを振り返れば、いい面もあれば悪い面もあったか
と思います。そのあたりを少しお伺いしたいと思います。

　シンポジウムの基調講演で田中先生がご紹介くださったあちこちの地域
における取り組みを見ていると、「ああ、こういうこともできるのか」と気
づかされました。災害に直面したときに、人々がいろいろな工夫をこらし

取り組んでいく、そのときに、コミュニケーションというものがいかに大事かということがよくわかりました。教育の現場で痛感したことですが、コミュニケーションの場は、コロナ禍発生当初、かなり失われたように思います。若い人にとって、1～2年間にわたって、貴重な機会が奪われたのではないでしょうか。

　オンラインの功罪というか、コミュニケーションの観点から、パネリストの皆さまにお考えを伺ってみたいと思います。

　今度は古地先生から、田中先生、木村先生、伊藤先生の順でお願いします。

古地：また難しいお題ですけれども、私自身は、オンラインとオフラインとどちらがよいのかというと、オフラインのほうがよいと思っています。

　ただ一方で、今回のパンデミックで、Zoom をはじめとするビデオ会議システムが急速に普及し、「コミュニケーションの民主化」みたいなことが起きたわけですね。おそらく先生がたもご経験があるかもしれませんが、今まで対面だと発言しにくいと感じていた学生たちが、オンラインだと発言しやすいということが生じています。とくに顔を出さない場合には発言しやすいという点を考えたとき、今まで聞こえなかった声が聞こえる可能性があるのではないか思いました。

　ただ、対面だと言えないというような状況も好ましくないのではとも思いました。本来であれば、対面であろうとオンラインであろうと、自由に意見が言えるような文化をつくっていかなければいけないのではないかとも考えています。

　そう考えたときに、田中先生の基調講演ともつなげると、意思決定の場に誰がいるのかということを強調されました。政治学を専門とする者としては、そこはすごく重要な代表性の問題につながります。Zoom のようなオンラインのコミュニケーションが意思決定の参加の場を変えたのかどうかということは、今後考えていかなければいけないでしょう。

　またカナダではという話をしますけれども、私は、日本の国会というのはすごいと思って見ていたのですが、コロナ禍の間も対面で開いていまし

たよね。カナダの連邦議会はすぐにオンラインに切り替えました。

　それで、現在、いつまでオンライン議会を続けていくのかに関する議論が起きています。議場という空間で、侃々諤々の議論を対面で交わすことが民主主義なのではないかという主張が出てきています。

　しかし、一方で、子育て中や家族の介護が必要な議員や、首都オタワまでの距離が離れている地方の議員から、このままハイブリッドを続けてほしいという意見が出ました。オンラインで議会に参加できるのであれば、議員のワークライフバランスも改善しますし、そのことが、政治参加へのハードルを下げることにもつながりうるわけです。つまり、オンラインによって意思決定の場に立ち会える人の範囲を広げることができます。

　このようなことを考えると、民主主義のあり方も変える可能性があります。私自身は、2020年から22年にかけて起きたことが、民主主義のありようにどのような意味を与えたのかということも見ていきたいと考えています。

　以上です。

山岡：カナダ議会の紹介をしてくだいました。おもしろいお話でした。それでは、田中先生、お願いします。

田中：ありがとうございます。

　私は、2年間学生の顔が全然見えなくて、オンラインで顔を出してもらうと、何か電力が下がってしまって駄目だなどと言われて、誰も顔が見えない状態で90分話して終わるということがずっと続いていて、最後に、指名したいのだけれども、指名しても答えてくれなくて、向こうにいるのかいないのかもわからないという状況が続いたので、やっぱり対面というのはいいと思うのです。

　大学に行くのはすごく大変なので、体力的にはもちろんオンラインのほうが楽でいいのですけれども、学生さんの顔を見ないで授業をするというのは、伝わるものも伝わらないのではないかと私も思って、早く対面になればいいなと思っていたら、リタイアの時期が来て、終わってしまって残念なのです。

　ICT、オンラインになってとてもよかったのは、フラワーデモをしている人たちや女性の署名を集めるのが非常に楽になったことです。ですから、ロビー活動をしようと思ったら、比較的簡単に10万人、14万人と署名が集まるのです。今までの女性運動では署名を集めるのがとても大変だったのですけれども、そういうことが結構できるようになって、それを大臣に持っていった女性グループがあるので、あながちデメリットだけではないとも思いました。

　それから、今ご発言にあったように、高齢になってきている女性もいらっしゃるので、NGOの活動などでも、オンラインで頻繁に相談できるようになりました。千葉の遠くのほうからわざわざ東京まで出てこなくても、オンラインで簡単にみんなですぐ会合ができる、そして、いろいろなものが前に進むということで、私たちの活動にとってはプラスの面もたくさんありました。このように、いろいろなプラスの面があります。ですから、リスクをチャンスに変えて、いろいろと活動ができるという、フロンティアもすごく広がるのではないかと思いました。

　ただ、国際協力をしていますと、デジタル・ジェンダー・ギャップということがいつも問題になって、デジタル──オンラインやSNS──にアクセスできる人とできない人のこの格差がまた広がるという問題が常に指摘されるのです。ですから、貧しくて、あまりアクセスできないような女性たち、あるいはそのような人たち、たとえば少数民族の人などは、どんどん格差が広がってしまいます。そのようなところを何とかしていかないと、このメリットというのも平等にシェアできないのではないかというところがありますので、まさに来年（2023年）の国連の女性の地位委員会、ニューヨークで3月に開催されますが、そのメインテーマは、「ジェンダー平等とすべての女性と女児のエンパワーメントの達成のためのイノベーション、技術革新、デジタル時代の教育」になっています。来年に向けて、またいろいろな情報収集をして、もう少し考えていきたいと思っているところです。

　ありがとうございました。

山岡：オンラインには，リスクをチャンスに変えるメリットもある，そのメリットは平等にシェアしていかなければいけないというご指摘でした。デジタル面の格差をどう解消するかという問題点もありますね，来年の女性の地位委員会，国連ではメインテーマになっているということを紹介してくださいました。非常に重要な視点ではないかと思いながら聞きました。

　　では、木村先生、お願いします。

木村：コミュニケーションの重要性と、オンラインが進んだこととの功罪といったことを、とくに小・中学校や高校をイメージしながら、教育現場に焦点を置いてお話ししますが、コミュニケーションの重要性というのは、学校種を問わず大事だろうと思っています。

　　とりわけ、特別なニーズに応え、きめ細やかで丁寧なケアを要するような学校段階、具体的には小学校や特別支援学校などですが、そうしたところにおいては、対面でのコミュニケーションは重要だと思います。デジタル化が進んだり、コロナによってZoomなどのオンラインのツールの活用が進んだり入ってきたり、それにみんな手慣れていったとしても、基本的には、きめ細かにそれぞれの成長を見届けるという意味では、対面がどうしても必須な領域というのがあって、その量というのは、子どもの年齢や学年が効く、特別なニーズやケアを要する学校ほど、これまで以上にやっていかなければいけないのだろうという気はいたします。

　　先ほど少しお話しした、教員を対象にしたコロナのパイロット調査のときも、小学校の先生、そして特別支援学校の先生たちがとくに悩んでいる様子でした。デジタル化が進んでメリットもあるかもしれませんが、きめ細かなケアというのが難しいというものです。とくに、コロナが大変流行してしまって、パンデミック化していて対面がままならないというときには、その子たちをどうすればいいのかというので大変苦悩したという声が、調査では少なくありませんでした。また、調査では、休校だと言われているなかでもどうにかしなければということで、先生方が勤務校での同僚性を頼りにそれを何とか乗り越えてきたという結果がたくさん出てきています。

　なお、デジタル化が進んでもとくに困らなかったというのは、高校でその回答が多く見られました。小学校や特別支援学校などとは異なる傾向です。このように、子どもとの関係、相互作用のなかで求められるものや必要なものが学校種で違うということが、調査から浮き彫りになったように思います。

　ですから、同じ教育現場であっても、デジタル化による効果やメリットは学校段階や状況によって大きく異なると思います。たとえば、子どもがコロナに感染したり、濃厚接触者になったりしただけではなくて、今後も病気で長期に休まなければいけない事情ができたときに、オンラインでみんなと授業するのが可能になるということはありますので、そういったことについてのメリットは大いにあると思いますが、その一方で、対面でなければ対処が難しいことについては、実はまだきちんと誰も何も考えてくれていないのではないかと思います。「教育」とは自己形成の営み、日々の営みそのものであるので、ここは無視できないだろうということは私も強く思っております。

　あとは、先生という仕事をめぐる問題です。日本以外の国においては、多くの場合、教師はエッセンシャルワーカーとして認められていて、コロナの流行に応じて、医療従事者と同じような、たとえばワクチンを早く受けられるというようなケアが行われていました。一方、日本社会においてはそういうこともなく、先ほども言いましたが、コロナ禍の緊急時で増幅した問題や困難に対しては、現場の気のいい先生たちの同僚性にすべて任されて何とか対処してしまってきた部分があります。先生方の自助努力で何とかしてきたのです。自助努力それ自体は悪いことではないのですが、自助努力で何とかしてきてしまっているので、問題や困難に対応するための社会的な整備が十分になされないというような懸念もあります。

　もちろん、自助努力に見られるような教育現場の自律性は大事なのですが、それだけに頼ってとくだん何も対処しないというハード面の甘さや不十分さというのはしっかり見ていく必要があると思います。

山岡：木村先生、どうもありがとうございました。

では、伊藤先生、どうぞ。

伊藤：私も、この2年間、授業をしていて、田中先生がおっしゃったことについては、本当にそう思います。ネット環境がよくないというので画面に顔を出さないでZoomの授業に出席している学生に、授業中に質問してみたら全然応答がなくて、本当にいるのだろうか、というような感じでストレスがたまることをこの2年間ずっとやってきています。他方で、先ほどの功罪、メリット、デメリットで言うならば、いろいろメリットはあるのではないかと思います。

　一つには、距離の問題が解消できたということがあります。社会的に言うならば、最近ニュースになっていますが、裁判所でオンライン化が進んできています。逮捕令状に関して、紙ではなくて、オンラインで発行するということになるそうです。また、民事訴訟、これもオンラインで行われることになるようです。私の妻が弁護士なものですから、弁護士さんのいろいろな話を聞いているのですが、年配の弁護士さんのなかには、訴状を筆で書いている方がまだいらっしゃるそうで、そういう方はどうするのかというような、そういう冗談めかした話もあったりするぐらいに、裁判所のほうも変化が進んでおります。あとは、最近のニュースで、大企業で転勤がなくなるというものもありましたし、なかなか社会的にインパクトを持っているのではないかと思っています。

　オンライン化に関しては、コロナをきっかけに、この2年間、かなり進んできていますが、私自身の考えとしては、デジタル化ということそれ自体について語るのは、あまり生産的ではないように思います。と言いますのも、正直言って、今の木村先生の、対面でなければいけないことがいろいろあるということについては、まさにそのとおりだと思うのですが、他方で、たとえばコミュニケーションツールに関して言うならば、電話機が発明されて、しかもそれは当初は有線だったわけですが、その後携帯電話というものが発明されて、どこでも音声コミュニケーションがとれるようになりました。さらに今では、Zoomというものがこれだけ普及することによって、音声のコミュニケーションだけではなくて、顔を見てのコミュニ

ケーションができるようになりました。

　もちろん、話をするときに、単に顔が見えるだけでは伝わらないことがある、雰囲気などのそういうものは、コミュニケーションの多くを占めるだろうということで、現在、Zoom で授業や会議を行っている段階においては、対面のコミュニケーションには及ばないというのが正直なところです。しかし、たとえばこれが、将来的に、3D のホログラムで、そこにあたかも本人がいるかのような形で、授業においても学生本人ではなく学生のホログラムが出席するというような形で、対面で行っていることに非常に近づいていくような、技術的にデジタル化が発展していくとするならば、もしかしたら対面でなければできないということはかなり減少していくかもしれません。つまり、現時点においては、もちろんデジタル化がかなりの程度進んでいるのですが、しかしその功罪等については、過渡的なものとして考えてもいいのではないかと思うのです。

　正直なところ、近年のデジタル化の進展というのは非常にスピードが速いものですから、もしかしたら5年後、10年後には、今言ったようなことが起こっているかもしれません。そういう過渡的な時代に今私たちは生きているのではないか、と考えたりはします。

山岡：ありがとうございました。オンラインか対面かという問題の一方で、デジタル化の急速な発展は大きな可能性を秘めていますね。

　ところで、これだけグローバル化が進んだ時代にあって、もう一度、人と人との出会いがもっている意味合いを考えてみることが大事ではないでしょうか。ふだんから会っている人同士であれば、オンラインであっても、相当な意思疎通は可能かもしれません。しかし、初対面の場合、オンラインはどこまで有効でしょうか。古地先生は、意思決定の場に誰がいるかが問題となると話しておられましたね。国際会議などでよくあることですが、会議のやりとり以外の、表には見えていない裏での折衝が大きな意味を持つことがあります。また、コーヒーブレークのときに人々が近づいていって話をする、そこで会議の方向性というものが形づくられていく場合もあります。誰と誰が会っているか、その場面を見ることで新しい動き

を感知することもあります。実際のコミュニケーションの現場は相当、重層的だし複雑かもしれません。

　さて、そろそろ時間が迫ってきました。パネリストの皆さまには、最後に、いま最も関心を持っていること、重要だと思う課題、それにどう取り組み、どのような視点を持つことが必要だと考えておられるのか、ということについて、一言ずつお話ししていただきたいと思います。

　木村先生から、伊藤先生、古地先生、田中先生という順番でお願いします。では木村先生から、よろしくお願いします。

木村：たとえばコロナに関してもそうですが、有効なワクチンさえ開発されればすべて元通りで問題は解決するのだ、ということではないということをきちんとかみしめる、肝に銘じる必要があると思います。有効なワクチンが開発されても、それだけで終わってしまったら、ジェンダー格差というのはそのままになってしまうわけです。ジェンダーに起因するさまざまな問題があらゆる領域に存在するというのは明白ですし、基調講演でも軽くご説明がありましたが、SDGsの17の目標でのそれぞれの取り組みのなかにすべてジェンダーの視点が入ってきています。

　SDGsの17の目標のうち、5つ目がジェンダーの平等に関することですが、この5つ目のジェンダーの平等が実は他の16の目標すべてのベースになっているということは、あまり知られていないのではないかという気がします。教育の目標は4つ目にありますが、ここにもジェンダーの視点は欠かせないのです。

　日本社会では、一般的に、この教育の領域がどの領域よりも男女平等であると信じられているため、教育におけるジェンダーの問題に目を向けることが不可欠です。さまざまな場面にジェンダーの視点を入れること、これを「ジェンダーの主流化」と言いますが、教育分野においてもジェンダーの主流化を丁寧に理解しつつ、きちんと考えていくことが重要です。

　まずは、学校教育の現場はすでに平等だとか、もうすでにできているから子どもたちは困っていないとか、そういった無意識の思い込みを捉え直す必要があります。そして、ジェンダーに起因する教育のどのような問題

が、どのような形で、どのような文脈において、とくにどのような対象に
生じやすいかというのを知ることが欠かせません。何より、先生方がこの
「知る」という最初のステップが踏めるような現場の余裕も大切ですし、そ
の余裕をもたらすようなハード面のきちんとした整備が進められてほしい
と切に思ったりもしています。

　少し長い話になってしまいました、すみません。一言で言おうと思いま
したが、長くなってしまいました。

山岡：ありがとうございました。

　伊藤先生、よろしくお願いいたします。

伊藤：いろいろ問題はあると思っているのですが、今、非常に気になっている
のは何かと言いますと、民主主義の話です。先ほど、カナダの議会の話も
ありましたけれども、現状としては、日本の民主主義はかなり曲がり角に
来ているのではないかと思います。

　どういうことかと言うと、有権者の範囲が18歳まで拡大しましたが、た
とえば直近の参議院議員通常選挙（令和元年7月）における10代の有権
者の投票率は3割ほどです。要は、若者は投票しないで高齢者が投票する、
いわゆるシルバーデモクラシーの傾向が今非常に進んでいます。

　また、地方議会を見ますと、議員のなり手が非常に少ないと言われてい
ます。地方議会の選挙で、そもそも候補者の数が当選者の数と同じであると
か、あるいは切っているというケースも見られます。また首長に関しても、
候補者が1人しかおらず無投票当選というケースが今非常に増えております。
す。このようなことが、北海道内においても、市のレベルですら非常に多
くなっています。

　以上のような民主主義の現状について、かなり危機感を抱いています。
結局、有権者自身に結果が跳ね返ってくる問題ですから、有権者がいかにこ
れをわがこととして、つまりは今日のシンポジウムのテーマにあるように
わがこととして捉えて、どのように変わっていけるのかということを、よ
く考えています。

山岡：古地先生、お願いします。

古地：少し大きなことになってしまいますが、田中先生の基調講演にもあったように、「重なりあう世界」において、問題は複雑かつ重層的ですよね。このような問題をどのように理解し、取り組んでいくか、その力を社会としてどう養っていけるのか、とくに本学で学んでいるような若い人たちの力をどのように伸ばしていけるかということが重要な課題だと考えています。

　学生にはいつも言うのですが、「さまざまな情報をつなげて考える力」を養ってほしいと考えています。学生と接していると、さまざまな授業のなかで学んでいることがお互いにつながっていないことが多いと感じます。私の授業では、ここにおられる先生がたのお名前も出しながら進めていますが、そこをつなげて考える力が圧倒的に足りないと思います。その理由を考えると、暗記して終わりというような感覚がまだあるように感じています。

　もう一つ、地域で活動していて非常に足りないと思っているものは、これも田中先生の基調講演の中に出てきましたが、データです。英語だとdisaggregated data と言われますが、ジェンダー、年齢だけに限らず、さまざまな属性での細かいデータを地域レベルで構築することが、より洗練された現状確認につながりますし、的確な課題解決策を考えるときにも不可欠です。また、政策がどのような影響を多様な地域住民に与えているのかを把握するためにも必要です。

　課題解決に向けた授業を本学でも展開していますが、正確な現状確認ができないと的外れの解決策を提案してしまう可能性が増えます。私たちの取り組みの価値を高めるためにも、データを探し出したり作り出したりするような、現状確認に必要な武器を学生たちに持たせてやりたいというのも私にとっては大きな課題です。

　以上です。

山岡：ぜひ見つけていきたいものです。

　では、最後になりましたが、田中先生、お願いします。

田中：私は、JICA で30 年くらい仕事をしてきましたが、その間ずっとやっ

てきたのは、開発分野の全部の課題にジェンダーの視点で取り組むということです。教育や保健分野は比較的捉えやすいのですが、農業分野、林業分野、それから今日お話しした防災やインフラ、これらがJICAの主流なのですが、そこでどのようにジェンダーの視点から取り組んでいくかというのは非常に説得が難しいものでした。「関係ない」と言われて、無視されてきたことがほとんどで、防災も、最初、「女性の視点で防災を」と言ったら、「何が関係あるんだ」と言われて、何も相手にされなかったのですね。

　そのようなときに、事例を示して、エビデンスを突きつけて、こうでしょう、ああでしょうと言って説得しないと、理解してもらえなかったという経験がたくさんあります。これはまだ国際協力のなかで今後も長く続いていく問題で、まだ2割か3割ぐらいしか達成できていないと思っています。

　SDGsが出てきたときに、これはとてもいいと思って、全部のゴールをジェンダーの視点で切ってみるということを学生さんと一緒に続けてきました。17ぐらいあるので、スケジュールの面でもちょうどよくて、一つひとつ講義していると、ジェンダーで全部串刺しにして、さらにすべてのゴールに関係があるということが見えてきたので、SDGsを教えてたいへんよかったと私は思っています。

　今、つなげて考えるというお話も出ましたが、まさにおっしゃるとおりだと思いました。

　それから、私は途上国のことばかりやってきたのですが、最近、日本国内での国際協力というのもとても重要だなと思っています。とくに難民や避難民の方々の問題、入管の問題もありましたし、今、外国籍の方が300万人ぐらい日本にいるわけなので、もっと内なる国際協力ということに目を向けていかないと、先ほど他の先生がおっしゃった日本の民主主義の危機なのではないかと思っているところです。

　日本の移民対策も世界から見るとひどく遅れていますし、ヨーロッパから見たら、何をやっているのだろうと思われる部分も非常にたくさんあると思います。その原因の多くが、やはり女性が政治に参加していないこ

とといういうのもあるのではないかと思っています。女性だけではないのですが、いろいろな人が政治に参加できていないというこの国の民主主義のあり方がおかしいのではないかと思っているので、もう少し国内の国際協力という切り口から日本のことも考えていきたいと思っています。

山岡：田中先生、ありがとうございました。日本国内の国際協力という新しい観点を提供していただきました。政治への女性参加については、まもなく行われる参議院議員通常選挙では、全候補者に占める女性の割合が初めて3割を超えましたが、まだまだジェンダーギャップ指数は日本の場合非常に低いですね。日本の指数が低いわけは、政治分野と経済分野で男女の格差が大きいからですね。

　今日のパネルディスカッションでは、とくにジェンダー視点、そして多様性という視点からパネリストの皆さまに語っていただきました。限られた時間でしたが、貴重な問題提起がたくさんあったかと思います。本日は、ありがとうございました。（拍手）

パネルディスカッション全景

# あとがき

　国際地域研究とは何か。「国際地域」を冠した学科である以上、その論考を世に示そうではないか——という問題意識から、最初の『国際地域研究』を上梓したのが 2019 年春のことであった。以来、毎年、巻を重ねて今回ついに 5 巻目となる。最初の問いに答えを出したわけではないが、地域が直面する多様な問題を国際的な文脈の中から考えるという基本姿勢は貫いてきた。

　『国際地域研究 Ⅰ』のあとがきには、「国際地域研究という新たな学問分野を開こうとする動きの背景には、グローバリゼーションの中で国際社会と地域の関係に関心が高まっていることがある」と記した。それから 4 年、グローバル化には大きな変化が起きている。ICT（情報通信技術）が深化する一方、新型コロナウイルス感染症やロシア軍のウクライナ侵攻、「新冷戦」と言われるほどに冷え込むアメリカと中国の関係など、国際社会の先行きは不透明さを増してきた感がある。そういうなかで、地域が直面しているさまざまな課題の解決に取り組んでいくことなど、容易にできるはずはない。しかし、目の前にある問題について常に国際的な連関性を意識していくことは、重要なヒントを与えてくれるのではないだろうか。

　今回は、第 1 部「国際地域研究の可能性」で、ジェンダーと多様性、多文化共生に焦点を当てた講演録と論文 2 本を掲載した。また、第 2 部は、「教育に資する国際地域研究」として 7 本の論文をそろえた。第 3 部は 2022 年 7 月の公開シンポジウムにおけるパネルディスカッション「重なりあう世界　わたしは何をする？」の模様を収録した。

　2014 年に発足した函館校の国際地域学科は、10 年目に入る。「国際地域研究とは何か」について、さらに方向性を見いだす努力を続けたいと思う。

　2023 年 3 月

北海道教育大学函館校　国際地域研究編集委員会

山岡邦彦（編集長）・木村育恵・長尾智絵・林美都子・有井晴香・外崎紅馬

# 執筆者紹介
## （執筆順）

蛇穴　治夫　（じゃあな　はるお）

　　北海道教育大学長

　　担当：序言


田中　由美子　（たなか　ゆみこ）

　　東京大学博士（国際協力学）。国際連合女性の地位委員会（CSW）日本代表、国際協力機構
　　（JICA）シニア・ジェンダー・アドバイザー。著書に『「近代化」は女性の地位をどう変え
　　たか──タンザニア農村におけるジェンダーと土地権をめぐる変遷』（新評論）他。

　　担当：講演録、パネルディスカッション　パネリスト


伊藤　泰　（いとう　やすし）

　　早稲田大学大学院法学研究科博士後期課程退学。現在、北海道教育大学函館校国際地域学科
　　教授。修士（法学）。法哲学専攻。著書に『ゲーム理論と法哲学』（成文堂）他。

　　担当：第1章、パネルディスカッション　パネリスト


尹　鈴喜　（ゆん　じんひ）

　　お茶の水女子大学大学院人間文化研究科博士後期課程修了。北海道教育大学函館校国際地域
　　学科専任講師を経て、現在、群馬県立女子大学文学部文化情報学科准教授。博士（社会科
　　学）。著書に『現代韓国を生きる若者の自立と親子の戦略』（風間書房）他。

　　担当：第2章


伊藤（横山）　美紀　（いとう［よこやま］　みき）

　　ウィスコンシン大学マディソン校大学院修士課程修了。東テネシー州立大学講師、公立はこ
　　だて未来大学講師等を経て、現在、北海道教育大学函館校国際地域学科准教授。Master of
　　Arts in Japanese.

　　担当：第3章

石井　洋　（いしい　ひろし）

広島大学大学院国際協力研究科博士課程単位取得満期退学。北海道公立小学校教諭、青年海外協力隊を経て、現在、北海道教育大学函館校国際地域学科准教授。博士（教育学）。論文に「ザンビア授業研究における数学教師のアセスメント・リテラシーに関する研究」他。

担当：第4章


有井　晴香　（ありい　はるか）

京都大学大学院アジア・アフリカ地域研究研究科博士課程修了。現在、北海道教育大学函館校国際地域学科准教授。博士（地域研究）。著書に『ようこそアフリカ世界へ』（分担執筆、昭和堂）他。

担当：第5章、コラム2


新　江梨佳　（あたらし　えりか）

北海道大学理学部卒、東京大学大学院教育学研究科修士課程修了、博士課程在籍中。教育実践と研究を並行し、現在は Sophia Global Education and Discovery 社の教育プログラムディレクターと上智大学特任助教を兼務。

担当：第5章


齋藤　征人　（さいとう　まさと）

北海道医療大学大学院看護福祉学研究科博士課程単位取得満期退学。社会福祉法人帯広福祉協会支援員などを経て、現在、北海道教育大学函館校国際地域学科教授。修士（臨床福祉学）。社会福祉士。著書に『地域福祉と包括的支援体制』（共著、弘文堂）他。

担当：第6章


林　美都子　（はやし　みつこ）

筑波大学大学院心理学研究科博士課程修了。現在、北海道教育大学函館校国際地域学科准教授。博士（心理学）。論文に「心理学基礎実験のための動物実験教材開発の試み―メダカを用いた実験室外オペラント条件づけ―」（『北海道教育大学紀要（教育科学編）』（第69巻2号）他。

担当：第7章


奥田　秀巳　（おくだ　ひでみ）

広島大学大学院文学研究科博士課程後期修了。富山国際大学子ども育成学部講師を経て、現

在、北海道教育大学函館校国際地域学科准教授。博士（文学）。著書に『哲学する教育原理』（共著、教育情報出版）他。

担当：第8章

菅原　健太　（すがわら　けんた）

北海道大学大学院博士課程修了。同大学院助教を経て、現在、北海道教育大学函館校国際地域学科准教授。博士（学術）。論文に「Future self-guides, engagement-specific learning experiences, and emotional states support motivated behavior in Japanese learners of English」（ARELE, 31）他。

担当：第9章

古地　順一郎　（こぢ　じゅんいちろう）

オタワ大学大学院政治学研究科博士課程修了。在カナダ日本国大使館専門調査員を経て、現在、北海道教育大学函館校国際地域学科准教授。Ph.D.（政治学・カナダ研究）。論文に「カナダ政治における執政府支配の展開」（日本比較政治学会年報）他。

担当：パネルディスカッション　パネリスト

【コラム】

木村　育恵　（きむら　いくえ）

北海道教育大学函館校国際地域学科教授

担当：コラム1、パネルディスカッション　パネリスト

外崎　紅馬　（とのさき　こうま）

北海道教育大学函館校国際地域学科教授

担当：コラム3

長尾　智絵　（ながお　ちえ）

北海道教育大学函館校国際地域学科准教授

担当：コラム4

山岡　邦彦　（やまおか　くにひこ）

北海道教育大学函館校国際地域学科特任教授

担当：コラム5、パネルディスカッション　コーディネータ

# 国際地域研究 Ⅴ

2023 年 6 月 10 日　初版第 1 刷発行

■ 編　　　者 ——— 北海道教育大学函館校　国際地域研究編集委員会
■ 発 行 者 ——— 佐藤　守
■ 発 行 所 ——— 株式会社　大学教育出版
　　　　　　　　〒 700-0953　岡山市南区西市 855-4
　　　　　　　　電話（086）244-1268　FAX（086）246-0294
■ 印刷製本 ——— モリモト印刷 ㈱

ISBN978 − 4 − 86692 − 251 − 5